THE PRACTICAL PSYCHOLOGICAL NEGOTIATION CLASS

超实用心理谈判课

畅销4版

李娟娟——著

中国法制出版社
CHINA LEGAL PUBLISHING HOUSE

下一个谈判高手就是你

在生活中，存在着一群以化解危机、拯救生命为己任的人——谈判专家。在生死关头，他们面对罪犯和生命危在旦夕的人质，因为种种原因走上绝路的自杀者，随时都可能引爆炸弹、伤害无辜的暴徒，跳起刀尖上的舞蹈，运用危机谈判术力挽狂澜。

不管形势如何危急，即使是命悬一线，谈判专家依旧能够临危不乱、从容应变，他们凭借良好的心理素质和高明的谈判策略，解除危机，化险为夷。不论是在影视剧中，还是在现实生活中，都能看到他们沉稳干练的身影，他们时刻战斗在险象环生的第一线。

谈判专家在实践中积累了丰富的谈判经验，对于日常生活和市场竞争中形形色色的谈判活动颇有借鉴意义。学会谈判专家付出巨大代价练就的这手绝活，你就能够在谈判中如鱼得水、占尽先机。

本书为你全面解读谈判秘籍。在书中，谈判专家会告诉你如何赢得谈判对手的好感和信任，在谈判桌上，如何说、如何问、如何答，怎样拒绝对方的要求；在谈判过程中，如何发动心理战，瓦解对手的心理防线；如何解读身体语言，洞察对方的真实想法；如何运用谈判中的潜规则，掌握主动权；如何出其不意，打破谈判僵局。

读完这本书，融会贯通，勤加修炼，你一定会成为谈判高手！

目录

Contents

第一章

知己知彼
——做好谈判准备

知己知彼，百战不殆。谈判是一场没有硝烟的战争，只有做好充分的准备，才能最大限度地提高胜算。你是最佳谈判人选吗？对手的底牌你摸清楚了吗？战场——谈判场所在你的掌控之中吗？

知己：成为最佳谈判人选

在一次谈判中，参加谈判的人选是这次谈判成败的关键所在，甚至可以这样说，优秀的谈判人员就是成功的一半。谈判的人选会直接参与到本次谈判之中，他们的素质和谈判水平会直接影响本次谈判的结果，而且谈判的人选在某种程度上代表了一定的组织或集团的形象。因此，在谈判之前一定要选择综合能力和素质较高的人员参加谈判。

真诚是最有力的武器

弗莱明是苏格兰一个穷苦的农民。有一天，一个偶然的机会，他救了一个掉到深水沟里的孩子。当时的弗莱明并没有想到会因此而改变他以及他儿子的命运。

第二天，弗莱明破旧的家门口迎来了一辆豪华的马车，从马车上走下来一位气质高雅的绅士。见到弗莱明之后，绅士说："我是昨天被您救起的那个孩子的父亲，我今天是特地向您表示感谢的，这些钱是为了表达我对您的谢意。"弗莱明并没有接这些钱，他对这位绅士说："我不能因为救起您的孩子就接受您的报酬。"老绅士被弗莱明表现出的诚意深深打动。

正在两人说话之际，弗莱明的儿子恰好从外面回来了。绅士问道："他是你的儿子吗？”农民自豪地回答：“是的。”绅士觉得自己可以从另外的途径报答这位农民对自己儿子的救命之恩，就说：“我们订立一个协议，我带走你的儿子，并让他接受最好的教育，如果这个孩子能像你一样真诚，那他将来一定会成为让你自豪的人。”弗莱明见绅士这样真诚，也就答应订下了这份协议。

数年后，农民的儿子从圣玛利亚医学院毕业，后来发明了抗菌药物盘尼西林，一举成为天下闻名的弗莱明·亚历山大爵士。

有一年，那位绅士的儿子，也就是被弗莱明从深水沟里救起来的那个孩子，感染上了肺炎，几乎丧命。这次又是谁把他从死神的手里拉回来的呢？是盘尼西林。也就是弗莱明的儿子所发明的药物。而那位气质高雅的绅士是谁呢？他就是“二战”前的英国上议院议员老丘吉尔先生。而这位绅士的儿子就是“二战”期间著名的英国首相丘吉尔。

本杰明·富兰克林说过，一个人种下什么，就会收获什么。我们如果真诚待人，那么别人也会真诚地对待我们。弗莱明就是因为真诚，才让自己的儿子有了成才的机会。而老丘吉尔也是因为真诚，才挽救了自己儿子的性命，并使之成为 20 世纪影响人类历史进程的政治家。

莎士比亚说：“真诚比巧妙的言辞更能打动我的心。”能让对方感觉到真诚的谈判人员，基本上就已经使谈判成功了一大半。因为对方感觉到你的真诚后，会在无形中拉近与你的心理距离，而且还会让对方视你为可靠的人，并对你产生信任感。所以，在选择谈判人员的时候，一定要以真诚为首要前提。

在通常情况下，特别是初次与人谈判的时候，我们一般会采取微笑的方式表达我们的真诚和友善。事实证明，初次见面时的真诚微笑的确是谈判的良好开端。

萨丽是一个热情开朗的女孩，她从小就很喜欢看福尔摩斯探案类的故事。在大学毕业之后，她便参加了美国联邦调查局（FBI）的招聘，并最终成为一名合格的FBI谈判专家。

在萨丽成为FBI不到两年的时间里，她就以出色的表现和高度的工作热情得到了多次的嘉奖。刚刚成为FBI成员的梅兰妮，由于在与人打交道方面总是不得要领，所以她特意找到谈判专家萨丽，希望可以从萨丽那里学到一些小窍门。于是，热情的萨丽邀请梅兰妮下午和她一起去一个被约谈者那里，了解一些案件的具体情况。萨丽希望梅兰妮能够从中学到一些有用的谈判技巧。

那天下午，萨丽按照预期完成了谈判任务，甚至还了解到一些在调查中不曾掌握的情况。在回来的路上，萨丽问梅兰妮："你从这次的谈判中，找到我们之间最大的不同在哪里了吗？"

聪明的梅兰妮当然知道："我觉得，在谈判的时候，你的笑容非常具有感染力。当我看到你的笑容的时候，我感觉到你是一个非常真诚和可靠的人，在无形之中，我就对你产生了一种信任感。但是，我在与别人进行谈判的时候很少笑，因为我觉得谈判是一件非常严肃的事情，如果我在谈判的时候笑了的话，那么整个谈判的过程看上去就会很随便。"

萨丽笑了笑，说："一种和谐、融洽的谈判氛围会让谈判双方产生一种信任的感觉，能够搭建起心与心沟通的桥梁。如果没有这种融洽的谈判关系，对方是不可能向我吐露实情的。

"我们在谈判的过程中，与对方关系的建立，通常情况下是在谈判前几分钟的时候开始的。在谈判开始的时候，我们首先会对对方进行观察，由此来对对方的举止和心理状态做一个大致的评估，从而也就会在无意识中判断这个人是否值得我们信任。"

梅兰妮马上回应道："哦，原来是这样。我明白了。在谈判中展露笑容，可以使对方紧绷的神经得到放松，当然也就会调节一下紧张的谈判气氛。可是，要怎样才能做到笑容像你一样具有感染力呢？我觉得你的笑容不仅不会让人觉得轻浮，反而给人一种成熟和严谨的感觉。"

萨丽微笑着说："微笑不仅是一个人心情愉快的表现，同时也是一种自信的体现。我们在谈判的过程中展露出微笑，目的其实就是表达我们对谈判对方的一种欢迎和认同。而且，我们微笑的好心情还可以感染我们的谈判对象，这对我们下面的谈判是非常有益的。但是需要注意的是，在我们第一次与人谈判的时候，不要马上就微笑，要先停顿大约一秒钟的时间，看着对方的脸，然后展露出微笑的表情。之所以停顿，是因为这样做是在暗示对方'我的微笑是为你展露的'。其实，只要你用心留意一下就会发现，像英国前首相撒切尔夫人和我们国家的很多女政要都是这么做的。"

萨丽继续说道："但是你的微笑一定要表达出你的真诚来。微笑可以说是我们最常见的一种面部表情，当然也是最容易暴露我们真实感受的表情，尤其是在谈判的过程中。"

梅兰妮不解地问道："那什么样的微笑才会给人一种真诚的感觉呢？"

萨丽继续说道："大约在19世纪60年代的时候，有一位医生曾经通过电流刺激面部肌肉，发现了显露真诚微笑的因素。例如，在微笑的时候，脸颊高耸，眼睛下方出现眼袋，眼睛附近的肌肉将眼睛拉成扇形并形成褶皱，也就是我们平常所说的鱼尾纹，更夸张的笑容还会使鼻子也皱在一起。所以，在微笑时，是否会出现鱼尾纹，也就被很多人视为微笑是否发自内心的判断标准之一。"

梅兰妮不服气地说道："这样的判断标准有时也过于偏激了一些吧。有许多人在真诚地微笑时并不会出现鱼尾纹啊，而且我觉得鱼尾纹也是一个人天生的啊！”

萨丽说道：“的确如此。所以，当你在注意观察一个人的微笑是否具有真诚的感情时，可以多注意一下那个人的眼睛，因为虚假的微笑是不可能牵动人的眼睛的。不仅如此，虚假的微笑维持的时间也很短，一般情况下很快就会消失不见。”

梅兰妮：“原来是这样，我以前还真是没怎么留意过。”

萨丽说：“我刚才和你说的微笑技巧和判断真假笑容的方法，不只适用于我们自己，同样也适用于我们所需要进行谈判的对象。我们可以通过对方的微笑是否真诚来判断他是否喜欢与我们交谈。”

具有真诚意味的微笑，是让谈判对方对我们打开心门的有效途径。只要我们对对方展露出真诚的微笑，感受到我们真诚的对方也就有可能对我们吐露真言。

灵活应变能力

在进行谈判之前，人们一般情况下都会在自己的头脑中预想自己与谈判对方进行谈判的情境，在心中预演谈判策略。一般来说，谈判之前所做的谈判规划和训练越多，谈判成功的概率也就越大。没有什么可以保证你的谈判一定会成功，但是缺乏适当的规划必定会导致谈判的失败。

但不管你在谈判之前做了多少准备工作，有些情况还是会出乎你的意料。甚至，有时会出现与你所预想的完全相反的情况，这就需要谈判者具有灵活的应变能力。

在谈判进行的过程中，谈判双方有着各自的利益，而且每一方的要求都显得十分有道理。随着双方力量的变化和谈判的进展，谈判过程可能会出现较大的转变。如果这时谈判人员墨守成规，没有灵活应变的能力，那么这场谈判就会陷入僵局。要么耽误最佳的谈判时机，要么导致谈判的失败。

渊博的知识是随机应变的前提。谈判人员不仅要有良好的专业知识，熟悉谈判过程中所涉及的各个方面，对商务知识和相关的法律要有深刻的了解，而且还需要掌握多方面的、丰富的学识。有时商务谈判并不仅仅局限于商务、技术、法律方面的内容，还可能涉及其他方面的知识，这就需要谈判人员具备多方面的知识来应对可能出现的意外情况，以免在谈判过程中乱了阵脚。

心理承受能力

谈判的过程其实就是一个语言交锋的过程。按理说，每个谈判人员都清楚，在谈判的过程中所有激烈的语言都是对事不对人的。但是，在这种语言的交锋中，由于对手的急躁或者有意为难等一系列原因，常常会把谈判的对事不对人，发展成为对人不对事。因此，谈判就变得很难继续下去。所以，如果谈判人员具有良好的心理承受能力，就可以在很大程度上避免这种情况的发生。

通常来说，谈判人员的这种心理承受能力主要体现在忍耐力上。在谈判过程中，如果出现了困境或者令人焦虑的情况，比如，当谈判对手已经愤怒得面红耳赤的时候，如果你也表现出了异常激动的情绪，那么这次的谈判极易就此破裂和失败。如果谈判人员具有较好的忍耐力，就会先忍耐一下，让对方的不满情绪得到释放，这样谈判的效果就会好很多。当然，在谈判中适当的忍耐并不是一味迁就，在适当的时候有必要进行有理、有利、有节的反击。

知彼：摸清对手的底细

在进行谈判之前，谈判者需要做好充分的调查研究工作。掌握各方面的信息，收集与对方有关的情报资料。尽量做到在谈判进行之前就对对方了如指掌，这样不仅会提高谈判者的谈判信心，同时还能够更好地促进谈判者在谈判中做出正确的决策。

甚至可以说，谁掌握了充分的资料和信息，谁就掌握了谈判的先机与主动权。所以，做好谈判前的调查研究工作就等于赢在了谈判的起跑线上。

了解对方的需要

一名叫做查理的男子，由于不满前女友与自己分手，在激动之下绑架了自己的前女友和他们的小儿子。查理和自己的女友在两年以前由于性格不合分手了。对于查理的前女友来说，这是一件好事，因为自己可以开始新的生活。但是，查理却从此变得更加暴躁，在查理看来，自己的前女友和儿子都是属于自己的。查理想让他们重新回到自己的身旁，但是查理的前女友极力反对。终于有一次，情绪失控的查理绑架了自己的儿子和前女友。

查理的愿望本来是希望自己带着女友和儿子到另外一个地方重新开始。可是，由于查理的车在马路上出现了故障，就此耽误了原来的行程。

在这段时间内，查理的女友偷偷报了警。查理得知女友报警后，非常愤怒。于是，查理把自己的家人带到附近的一片森林中，简单地搭了一个帐篷。然后，他长途跋涉到商店，购买了一些食品和饮料，以及其他生活必备品。与此同时，接到报警电话的警察们正在全力展开营救计划。

在搜寻到查理他们的具体位置之后，警察把查理和他的人质团团围住了。警察希望查理能够自己放下武器投降，并且不要伤害他的女友和孩子。但是，查理似乎很激动，他威胁警方，如果警方再敢靠近一步，他就把女友打死。考虑到人质的安全，警方并不敢贸然行动。双方就这样陷入了僵局。

后来，警方派出专业的人质事件谈判专家与查理进行谈判，希望通过谈判可以让查理主动放弃挟持人质，并把人质完好无损地解救出来。但是，查理似乎并不配合谈判人员的工作，而且查理的情绪显得越来越不可控制。

查理威胁警方说："赶紧给我准备一辆没有任何问题的汽车，并在车上放上充足的食物和水，不然我就和我的家人同归于尽。"面对这样的威胁，警方显得很无力，除了同意已经别无他法。但是，查理的威胁却提醒了谈判专家。

之前无论谈判专家如何与查理沟通，努力取得他的信任，查理都毫不理会，反而情绪变得越来越烦躁。原来是因为查理已经很长时间没有进食和饮水，这让查理变得躁动不安。于是，谈判专家决定让查理吃饱喝足之后再进行谈判。谈判专家和警方商量，要给查理营造一个较为平和的进餐环境。

果然，查理在填饱肚子之后，变得理智多了，情绪也渐渐稳定下来。在与谈判人员进行谈话的过程中，语气渐渐有了商量的意味，不再像之前那样决绝。这让谈判专家心中充满了希望，似乎看到了成功说服查理主动放弃挟持人质的曙光。不管怎样，这样的情形对于这场谈判来说都是一个良好的开端。

从与查理进行谈判的过程中，我们能够看到，在谈判中了解谈判对象的需求和心理感受是非常重要的。而在一般的谈判过程中，想要了解对方的需求，仅仅通过谈判现场去观察对方，得到的信息是很有限的，这就需要谈判人员在进行谈判之前一定要把对方的详细资料调查清楚。这样你才能够通过这些资料，初步推断出谈判对手的需求和心理感受。而掌握的这些资料都是你在谈判过程中用得到的，必要的时候还是打破僵局的突破口。

所谓需要，就是指人们缺乏某种东西而产生的一种“想要得到”的心理状态，通常情况下会以对某种客体的欲望、意愿、兴趣等形式表现出来。

隐藏在深处的动机

现代心理学诞生的一个重大意义就在于告诉我们这样一个道理：人们对于某种事物的动机往往是十分复杂的，而且做同样一件事情的动机实际上不止一种。

科尔是一位著名的商业谈判专家，有一次他代表一家大公司去购买一座煤矿。科尔通过搜集来的资料，了解到这位矿主十分想把这座煤矿转卖出去，而且通过对这座煤矿的市场调查，也逐渐了解了这座煤矿的市场价格，决定从1500万美元开始逐渐加价。科尔对这次谈判的成功充满了希望。

但是，谈判的结果却并不如人所愿。因为矿主的态度很强硬，开口就是2600万美元，基本上没有还价的余地。在经历多次的谈判之后，矿主的态度还是很强硬，2600万美元，不还价。这让科尔非常为难，因为公司是不会同意以这样高昂的价格来收购这座煤矿的。在为难之余，科尔也很疑惑，为什么这位矿主的态度会如此强硬，而且一点商量的余地都没有？

开始的时候，科尔请这位矿主吃了很多次饭，可还是没能把自己想要知道的真相给套出来。无奈之下，科尔只好继续研究关于这位矿主的资料。在资料中，2600 这个数字引起了科尔的注意。原来，在不久之前，那位矿主的弟弟也卖了一座差不多大小的煤矿，而卖出的价格就是 2600 万美元。

科尔恍然大悟，心里暗自庆幸，终于找到问题的根源所在了。接着，科尔又调查了许多关于矿主弟弟卖出的那座煤矿的资料以及这位矿主要出卖的这座煤矿的资料。有这些资料在手，科尔对明天的谈判再次充满了希望，不过这次的科尔可以说是志在必得。

在第二天的谈判中，科尔对矿主说："你之所以一直把价格坚持在 2600 万美元，大概是受你弟弟的影响吧？"

矿主："我的生意和我弟弟有什么关系？"

科尔："在不久之前，你弟弟有一座煤矿卖了 2600 万美元。"

矿主吃了一惊后说："的确如此，而且我现在要出卖的这座煤矿不比我弟弟的那座煤矿小。"

科尔："所以，你认为不论如何，你的煤矿售价必须在 2600 万美元以上，最低也得是 2600 万美元？"

矿主："的确如此。"

这时，科尔从自己的包里拿出了两份资料，并递给了那位矿主："这是关于你的煤矿和你弟弟的煤矿中煤的种类对比。"矿主接过资料仔细地查看起来。科尔在确定矿主基本上看完之后继续说："虽然你的煤矿和你弟弟的煤矿大小基本上相同，但是煤的种类却是天壤之别。你弟弟煤矿中煤的种类在市场上比较昂贵，而你煤矿中煤的种类在市场上价格却比较低。所以，同样大小的煤矿价格也就不一样了。"

最后，科尔以1800万美元的价格把这座煤矿给收购了下来。成交的价格并没有超过公司的预算，而且那位矿主也没有觉得自己比弟弟吃亏。这笔生意可以说是在双方都满意的情况下圆满成交了。

所以，通过对对手资料的调查与了解，可以进一步了解对方的动机和需求，使已经陷入僵局，甚至表面上看来不可逆转的谈判局面，变得豁然开朗，出现出人意料的转变。

在进行谈判的过程中，只有了解对方的需求，才可能在满足对方需求的前提下，更好地实现自己的需求。但是，人们的需要和动机都是多种多样而且相互紧密联系的。在这里，我们有必要了解一下关于人的需要的心理学原理，作为谈判实践中的理论指导。

美国著名的心理学家马斯洛曾经针对人们的需要提出了著名的“需要层次理论”。这个理论把人类的需要分为五大类，并对这五大类需要进行了等级的划分，分别是：生理上的需求、安全上的需求、爱和归属的需求、尊重的需求、自我实现的需求。

在该理论中，马斯洛表示，当人们的低层次需要被满足之后，继而会转向更高层次的需要。就像明代一位叫作朱载堉的人写的一首《十不足》打油诗，从某种程度上反映了人们的需求是渐进和递增的，只有基本的生理问题得到解决之后，才会考虑其他的需要。

十不足

逐日奔忙只为饥，才得有食又思衣。

置下绫罗身上穿，抬头又嫌房屋低。

盖下高楼并大厦，床前缺少美貌妻。

娇妻美妾都娶下，又虑出门没马骑。
将钱买下高头马，马前马后少跟随。
家人招下十数个，有钱没势被人欺。
一铨铨到知县位，又说官小势位卑。
一攀攀到阁老位，每日思想要登基。
一日南面坐天下，又想神仙下象棋。
洞宾与他把棋下，又问哪是上天梯。
上天梯子未做下，阎王发牌鬼来催。
若非此人大限到，上到天上还嫌低。

另外，马斯洛还提出了求知和审美的需要。不过，这两种需要并没有被马斯洛列入他的需要层次论之中，因为马斯洛认为这两种需要应该是位于尊重的需要与自我实现的需要之间。

（1）生理的需要。这是人们维持生存最基本的需要，与人的本能有关。其中包括：食物、水、空气、性欲等。当人们的基本生理需求没有得到满足的时候，大脑的思考能力相对要弱化很多，道德的观念也会变得很脆弱，基本上只会思考一个问题，那就是如何让自己活下来。

而且，当人们的生理需求没有得到满足的时候，人们的情绪也是极为不稳定的，所以在进行谈判的时候，你的对手如果处在饿肚子等一些基本生理需求没有得到满足的情况之下，你最好让他的生理需要得到满足，这样你们的谈判才会顺利进行下去。而且，当人们的生理需求刚刚得到满足的时候，人们的警惕性也是比较差的。就像蟒蛇在吞食过其他动物以后，最容易遭到袭击一样。

（2）安全的需要。安全的需要同样属于人们的低层次需要，其中主要包括：人身安全、生活稳定以及免遭痛苦、威胁或疾病等。

在许多解救人质的危机谈判之中，谈判专家首先要取得罪犯的信任。而罪犯对于谈判专家的信任来自于谈判专家对他的保证。一般绑架人质的罪犯在接受安全释放人质建议的时候，都会问谈判专家这样的问题："当我释放人质，走出去的时候，你们不会对我开枪吗？"这无疑是缺乏安全感的表现。

所以，取得罪犯的信任关键就在于，谈判专家使罪犯感觉到可靠和安全，他所处的环境周围是没有危险的，只要他能够安全释放人质，他的人身安全将得到保障，而不是有几十支枪对着他的脑袋开火。

（3）爱和归属的需要。这属于较高层次的需要，当一个人感觉到周围没有一个人关心他的时候，他就会产生这种需要的缺失。许多罪犯之所以会实施犯罪，就是因为这方面的原因。

（4）尊重的需要。这属于较高层次的需要，尊重的需要主要包括一个人的成就或者自我价值的个人感觉，也包括他人对自己的认可与尊重。

每个人都希望得到别人的尊重，这也是在进行谈判的过程中必须遵守的原则——尊重你的谈判对手。如果你出现了轻蔑你的谈判对手的情况，那么毫无疑问会激起谈判对手的怒火，而你们的谈判会被对方的怒火烧毁，也就是面临着谈判失败的结果。

尤其是在进行危机谈判的时候，对方如果是一个杀人狂魔，每个人都会鄙视他的这种轻视生命的行为。但为了取得他的信任并使谈判顺利进行，谈判专家必须对他表示尊重，因为只有这样才能取得谈判对象的信任和好感。

（5）自我实现的需要。这是最高层次的需要，主要包括一个人在前四项都得到满足之后，对于真善美至高人生境界的追求。自我实现的需要实际上是一种衍生性的需求，比如发挥潜能、兴趣等。

在谈判之前，对于对方兴趣爱好的调查也是非常重要的，必要的时候可以从对方的兴趣爱好着手，可能会发挥转折性的作用。

安迪是一家面包公司的老板，他的面包公司做得很成功，在纽约也算得上面包界的老大哥。但是，纽约的一家比较大型的饭店却从来没有在安迪这里订购过一片面包。虽然安迪对这笔生意并不是志在必得，但这样的情形却让安迪充满挫败感。安迪每年都会拜访一次那家饭店的总经理，甚至还以客人的身份出现在饭店中。安迪想了许多办法去揽这笔生意，可是饭店的总经理却不为所动。

于是，安迪决定从总经理的个人私事下手，当看总经理个人资料的时候，总经理的兴趣爱好引起了安迪的注意。安迪想，既然无法从生意的利益上让这位总经理动心，那就从他的兴趣爱好下手。那位总经理的兴趣爱好就是非常喜欢莎士比亚的文学作品。安迪就花了很长的时间去阅读莎士比亚的作品。

终于，一个偶然的机会，安迪又一次约到了总经理。不过，这次安迪并不是约总经理进行商业谈判，只是吃顿饭而已。但是，这顿饭的意义恐怕比以前所进行的全部商业谈判都更重要。在吃饭的过程中，安迪假装不经意地谈起了莎士比亚笔下的哈姆雷特。出人意料的是，总经理对这个话题很感兴趣，两人相谈甚欢。让安迪吃惊的是，平常表情严肃的总经理在谈起莎士比亚的时候，不仅变得神采奕奕，而且还很活跃。经过这次的交流，总经理对安迪的印象有了极大的改善。

后来，安迪又和这位总经理接触了很多次。但是每次接触的话题都是莎士比亚，一次也没有谈过采购面包的事情。没过多久，那家饭店的采购部就把电话打到了安迪的面包公司，告诉安迪他们饭店要从安迪的公司采购大量的面包。

安迪对谈判对手兴趣爱好的了解，居然成了这笔生意的关键转折点，其实也可以说是莎士比亚帮安迪卖出了面包。在谈判过程中，从人们的兴趣爱好下手，也就是投其所好的一种表现。

清朝光绪皇帝的老师翁同龢是中国近代史上著名的政治家和书法艺术家，尤其是翁同龢的书法，不仅当时的书法家对他的书法造诣十分敬佩，后世之人也觉得翁同龢的书法造诣当属同治皇帝和光绪皇帝时期第一。

翁同龢是晚晴时期政坛的重要人物，不仅先后担任过同治皇帝和光绪皇帝的老师，而且历任户部尚书、工部尚书、军机大臣、总理各国事务衙门大臣。可以说，翁同龢在当时也是位高权重。但是，翁同龢是一个十分清廉的大臣，没有任何人可以用金钱贿赂打动翁同龢。

有一次，翁同龢在审理一个案子的时候，有一个人前来贿赂翁同龢，希望他能够在处理案件的时候手下留情。但是，翁同龢不仅拒绝了这个人的贿赂，而且还严厉斥责该人把大清的律法视作儿戏。无奈之下，这个人只好去贿赂李莲英，希望李莲英能够给自己指条明路。

李莲英只对他说："贿赂又不只金钱这一样东西，还有其他的。"

那人大喜："劳烦李总管指点在下，送什么给翁大人？"

李莲英缓缓说道："翁师傅，自幼饱读圣贤书，又是两代帝师，自然是一个重名之人。"

这个人后来就花费重金搜集了翁同龢的书法作品和所作的诗，并把这些集结成书，送到了翁同龢的府上。翁同龢一看自己的书法作品和诗集，心里自然很高兴。那人见翁同龢很高兴，就说："翁大人将来必定会因为诗集和书法作品流芳千古的。"翁同龢虽然嘴上谦虚着，心里却很高兴。于是，那个人所求之事自然也就水到渠成了。

由此可见，在谈判中掌握对方具体的个人资料，尤其是了解对方的兴趣爱好，并适当地投其所好，会使谈判取得意想不到的结果。

延伸阅读：资料收集原则

（1）准确性原则。收集的资料一定要保证它的准确性。所谓准确性，是指资料的真实性。如果收集的资料没有任何准确性，就相当于战争中的谎报军情，带来的后果也是很严重的。

（2）全面性原则。中国有句古话，"偏听则暗，兼听则明"。所以，在收集资料的时候一定要注意资料的完整性、系统性和连续性。只有这样才不会导致谈判过程中不必要失误的发生。

而且，在收集资料的时候一定要遵守这样的原则——"宁可事无巨细地全部收集，也不能错过一条有用信息"。这样不仅可以防止重要的资料信息被遗漏，而且说不定就是那些不起眼的资料信息，反而是决定整个谈判成败的关键所在。

（3）时效性原则。这个原则在进行商业谈判的时候尤为重要。因为市场经济的变化是非常迅速的，如果你的资料是几年以前的，那么你的谈判将无法进行下去。因为对于一个不了解市场行情的人来说，没什么好谈的。所以，资料的时效性也是决定谈判成败的关键所在。

万无一失，从容应变

在谈判的过程中，任何意外的情况都是有可能出现的。如果谈判人员在开始进行谈判之前只准备一套谈判方案，那么不论这套方案多么完美和无懈可击，在谈判过程中一旦遇到突发情况，谈判人员首先就会自乱阵脚，这样一来，在谈判中将陷入非常被动的局面，甚至有可能让自己落入“人为刀俎，我为鱼肉”的境地。

在谈判的过程中，既然有可以控制的因素存在，自然也就有不可控制的突发性因素存在。如果说，在谈判前充分调查对方的资料信息是为了掌握谈判过程中的可控性因素，那么在谈判之前准备几套周密的谈判方案就是为了预防谈判过程中不可控制的突发情况出现。

机动灵活，另辟蹊径

有一名毒贩，名叫乔治，他挟持了自己的姐姐和姐姐的两个孩子为他乘火车运毒。在一次不愉快的争吵后，乔治在冲动之下杀死了自己的姐姐。乔治知道自己已经无路可退，就将这两个孩子扣押在火车车厢里，作为自己的人质，借此来威胁警方。警方决定让谈判专家先跟乔治好好谈谈，希望通过谈判能够让乔治自首，并安全释放人质。

谈判专家赶到后首先与乔治展开了对话，希望从与乔治的对话中了解乔治的具体要求有哪些，进而通过乔治提出的要求来制定相应的策略。但是，无论谈判专家如何试图与乔治进行交谈，就是无法撬开乔治的嘴巴，乔治一直拒绝与这位谈判专家沟通。

一般情况下，绑架者之所以绑架人质，主要是想威胁警方为他准备一辆能够供他逃跑的汽车，然后可以借机逃走。而谈判专家知道了绑架者的具体要求之后，就可以和绑架者讨价还价，反复周旋，进而也就有了劝说绑架者安全释放人质的可能。但是，这位谈判专家却怎么也无法与乔治进行沟通，之后的一切也就无从谈起了。

谈判专家心里明白，这套从绑架者嘴里获知其要求，进而展开周旋的谈判方案已经失败，因为绑架者根本就不和自己说他的要求。谈判专家决定采用另一套方案，从人质的具体情况下手。谈判专家考虑到，乔治虽然杀死了姐姐并绑架了姐姐的孩子，但是不管怎么说，他毕竟是这两个孩子的舅舅，或许乔治并不想真正伤害这两个孩子。

谈判专家对乔治说："现在你所在的那节车厢是不是很热？"乔治还是什么也没有说。

谈判专家："我想你现在可能已经汗流浃背了，我最讨厌流汗的感觉，尤其是刚流过汗之后那种黏黏的感觉，很难受。"

乔治终于开了口："我现在已经流了许多汗，而且车厢里越来越热了。这两个讨厌的小鬼一直在哭，真吵死人了。"

谈判专家听到后，心里一惊，因为他从乔治的话语中已经感受到了乔治烦躁的情绪，这对人质的人身安全是一个极大的威胁。

谈判专家提出建议："车厢外面的空气其实还是很凉爽的，你可以把窗户打开呼吸一下新鲜的空气，这样你会感觉好很多，而且那两个小鬼也不会哭闹了。”

乔治怀疑道：“我打开窗户的话，你们警察一定会看到我，一定会把枪瞄准我的脑门。”

谈判专家：“警察的确想这样做，但是这样会对那两个小鬼的人身安全造成很大的威胁。所以你尽管放心，警察是不会冒这个风险的。为了让你自己舒服一点，你还是把窗户打开透透气吧。”乔治终于同意了谈判专家的建议，把车厢的窗户打开了。

通过打开的窗户，警方可以清楚地对车厢内的具体情况进行观察，进而寻找解救的方案。

谈判专家：“你现在是不是有一种神清气爽的感觉？能告诉我孩子们的情况吗？”

乔治平静地说：“他们还是一直哭闹个不停。”

谈判专家：“他们很可能是饿了或者渴了。我想你们需要一些水和食物。”

经过乔治同意，警方决定给乔治送一些水和食物。谈判专家与乔治商量，乔治怎样来取走这些食物和水更为安全。乔治最后决定把窗户开一条小缝，把食物和水拿进车厢。但是乔治在取水和食物的过程中一直挟持着一个较小的孩子，他怕警察会在这个时候对他下手。不过，既然乔治愿意采纳谈判专家的意见，就说明他已经开始信任谈判专家了，而这正是这场谈判良好的开始。

由此可见，在谈判进行之前，为了确保谈判的万无一失而多准备几套谈判方案是多么重要。在这场谈判中，谈判专家首先采用的是一般情况下所使用的方案，因为这套方案已经被实践验证过，还是相当有效的。但是，这并不意味着这套方案适用于每个绑架者，乔治就是一个特例。

所以，谈判专家只好另辟蹊径，以聊天的方式开始，进而逐渐满足乔治的要求，以取得他的信任，这样就可以顺利地与他周旋下去。试想，如果谈判专家觉得之前的谈判方案既然是适合大多数绑架者的，而只准备这一套方案，当谈判专家面对乔治的不理不睬时，就会变得手足无措，整场谈判也就会陷入僵局。

谈判之前多准备几套方案，在进行谈判的过程中如果出现了意外的情况，谈判人员会因为事先准备的应变方案而保持镇定，有条不紊，增加谈判成功的概率。

准备充分，处变不惊

查理和艾米同时在一家公司做销售部经理的助理，两人在谈判业务能力方面基本上是不相上下的。但在过了三个月的试用期之后，却只有艾米留了下来。事情的转机出现在前不久两人进行的一场谈判之中。

有一次，查理按照约定的时间接待一个客户，准备按照预定的方案与客户进行谈判，谁知在谈判过程中，客户一再坚持按照自己的条件还价，无论查理怎样苦口婆心地向客户解释自己产品的质量以及市场价格，客户还是坚持自己所提的条件。这让整场谈判陷入了僵局，双方都在为自己争取利益，谁也不肯退让。不想失去这笔生意的查理突然觉得自己可以从另外一个途径进行谈判，那就是向客户提供该产品准确的质量信息以及市场的需求量。

但是，由于之前查理觉得所制订的谈判方案已经足够应付这笔生意的谈判，也就没有准备这些资料。查理只好满怀歉意地让客户等一下，然后去复印这些资料。客户对于查理所提出的要求表示了不满，但还是决定看看这些资料之后再做决定。

查理在经过客户的同意之后，才慌慌张张地去准备和复印这些资料。等到查理一切准备就绪的时候，客户已经等得相当不耐烦了。要命的是，查理在向客户提供这些资料的时候，才发现由于慌张，把产品的质量和使用说明复印成了另一种产品的。早已经不耐烦的客户这次没有等待查理把正确的资料送来，就扬长而去。查理对这次因为自己准备不充分而导致失败的谈判很是懊恼，而这笔业务也宣告失败。

艾米和查理正好相反，艾米每次与客户进行谈判之前都会准备得很充分，而且还会准备几套以防意外的谈判方案。就算之前的谈判方案无法满足客户的需求，艾米也不会像查理那样手忙脚乱，而是很镇定地使用另一套谈判方案，有条不紊地继续向客户介绍产品的情况，并把公司近期关于该产品的优惠政策向客户详细解说。有时，她甚至还会从客户的角度为对方提供一些有益的建议，这些都让客户很感动，尤其是艾米在整个谈判过程中所表现出的镇定，让客户觉得这笔生意很靠谱。

在制订谈判方案的时候，大多数情况下，谈判人员都会自以为是地认为只有自己的建议才是正确的，所以他们一般都是站在自己的立场上，没有充分考虑客户的需求和感受。有人甚至会认为这场谈判无非就是自己的利益与对方利益的一种折中处理。这样制订出来的方案就会带有很强的主观色彩，毕竟谈判的过程是双方参与的，而不是一个人的独角戏。

所以，在谈判之前多制订几套方案，可以让自己从更客观的角度去全面思考整场谈判，甚至可以促使自己从对方的角度去看待谈判。而这些无疑都会使接下来谈判的成功率大大提升。

掌控谈判环境

一个渴望成功的年轻人一直在寻找成功的捷径，但是始终没有找到。无奈之下，年轻人只好去向一位颇有智慧的老婆婆请教。老婆婆并没有对年轻人说太多的话，只是让年轻人拿一块石头去菜市场门口卖，并告诉年轻人一定要努力向人们介绍这块石头的不同凡响。

结果，无论年轻人怎样向人们述说这块石头的贵重，人们都觉得这块石头一文不值。年轻人只好无奈地拿着没有卖出去的石头回来，重新请教老婆婆。老婆婆还是没有多说，只是让年轻人拿着这块石头去珠宝店卖，并且要求年轻人把石头放在一个精美的盒子里，也不必再向其他人叙述这块石头的可贵之处，无论别人出多少钱都不要卖。

于是在珠宝店，年轻人就沉默地站在石头旁边，居然有人过来问他这块石头的价格，年轻人说这块石头是非卖品。最后居然有人愿意出300块钱买下这块石头，但是年轻人并没有卖，只是把这块石头带回去找老婆婆了。

老婆婆让年轻人第二天继续到外国人经常出入的文物商店门口去卖这块石头。结果第二天，居然有一个外国人愿意出价3000块钱买下这块石头。

这时，这个年轻人才幡然醒悟，原来同样的一块石头，放在不同的环境下所产生的价值是不一样的。

由此可见，环境对于一件事情成败的影响是至关重要的。谈判也是如此，同样的谈判内容和谈判策略，在不同的谈判环境下产生的效果是不一样的。

谈判的环境之所以会对谈判的结果产生影响，其实并不是环境本身的影响，而是在不同环境下人们的心理状态是不一样的。曾经有心理专家做过这样一个实验，实验的结果足以表明不同的环境对人们决策的影响。

首先由实验人员带领被试者穿过一座并不宽的独木桥，灯光很昏暗，被试人员只看得清独木桥，独木桥下面却是一片漆黑。于是，被试人员跟着实验人员很顺利地通过了那座独木桥，丝毫不费力。

在大家都通过了独木桥之后，实验人员就把实验场所的灯开得稍微亮了一些。这时，被测试的人员都吸了一口冷气，因为他们看见那座独木桥下面的水里全是张着大嘴巴的鳄鱼。接下来，实验人员就问被测试者，是否有人愿意再次通过这座独木桥？当时所有的被测人员你看看我，我看看你，没有一个人出来接受挑战。

于是，实验人员就把实验场地的灯开得更亮了，被测试的人们在明亮的灯光下终于看到了那座独木桥下面有一张防护网。也就是说，就算从独木桥上走过的人不小心掉了下去，也不会成为鳄鱼的美食，而会被这层防护网给接住。

这时，实验人员问，现在有没有人敢从这座独木桥上通过？这次，有一些人接受了这个挑战。但是，当他们从独木桥上通过的时候，神情明显很紧张，有的人甚至已经是满头大汗。不过，还是有一些人不论怎样都不肯通过独木桥，因为他们在怀疑那层防护网的安全性。

同样的一座独木桥，人们的反应却会有如此大的差别，由此可见，在安全和危险的环境之下人们的选择会发生极大的变化，环境会对人的心理产生巨大的作用。在进行谈判的时候，完全可以设置对我们有利的环境，达到我们想要的谈判结果，有的时候甚至要进行一些巧妙的布局——制造有利的谈判环境。

谈判专家总结出这样的经验：谈判地点的选择会传达一些重要信息，所以谈判人员在进行谈判的时候，必须谨慎地选择对自己有利的环境。

在对犯罪嫌疑人和证人的调查和询问中，谈判人员经常会选择在对方的家里进行，因为审讯室紧张的环境会让人们的安全感丧失，从而产生警惕性。在谈话的时候，言语也会相对严谨很多。但是，在对方家里这样熟悉的环境下，嫌疑人的心里就会非常轻松，在与谈判专家进行谈话的时候会在不经意间透露出许多细节，而这些细节往往会成为破案的关键线索。

留心环境中的细节

有一位少妇的丈夫刚刚过世，由于该女子与其丈夫的年龄相差40岁且她的丈夫很富有，警方就怀疑该少妇丈夫的意外去世可能与其争夺遗产有一定的关系。为了进一步了解少妇与其丈夫的感情是否融洽的具体细节，警方决定派谈判专家比尔去少妇居住的别野进行调查。与其说是调查，不如说是闲聊，但是这样的闲聊却让比尔掌握了更多的细节。

在比尔刚刚进入别墅的时候，就对少妇所居住的别墅进行了赞扬。少妇本来就对自己的别墅非常满意，当听到比尔的赞美后，越发高兴起来："是啊，这栋别墅还是我亲手设计的呢！当时有许多人反对，因为他们觉得这样的风格实在太轻浮了，只是华而不实的一种表现。不过我当时力排众议，非要坚持自己的风格，才有了今天的这栋别墅。"

比尔："坚持自己的风格是一件很不容易的事情，尤其是很多人都反对的时候。当我和我的妻子刚结婚不久的时候，我的妻子就意外怀孕了，当时我的妻子正处在事业的巅峰期，说什么也不要这个孩子。但是我却极力反对，我认为孩子是上帝送给我们人类的礼物，我们怎么可以拒绝上帝的礼物呢？也就是因为我的坚持，今天才有了这么可爱的女儿。”

少妇：“那你们夫妻之间没有发生争吵吗？”

比尔带着歉意笑了笑：“那一段时间我们总是在争吵。”

少妇说：“我和我的丈夫也总是发生争吵。你知道我的丈夫大我多少岁吗？整整 40 岁，我们之间的代沟是永远也无法消除的。就像这栋房子，我的丈夫永远都无法欣赏它。”接下来，少妇又向比尔抱怨了她与丈夫在生活中的种种不和。

比尔从与少妇的谈话中，以及对少妇表情的观察，基本上可以判断出少妇与其丈夫的感情并不融洽。为了了解更多的细节和信息，比尔赶紧转移了话题：“你的别墅真漂亮，可以带我转转吗？”见到比尔如此欣赏自己设计的别墅风格，少妇很愉快地答应了比尔的要求。

在比尔参观的时候，他并没有发现少妇与其丈夫的合影，相反倒是发现了另外一个男子的许多照片。比尔拿起其中一个相框说：“这个男子长得真帅，就是身为男人的我也不得不承认。”

少妇显得很得意：“这是自然，我的眼光从来都是很不错的。”比尔没再多说，只是继续对少妇别墅中的设计与装修进行了赞扬和探讨。但是，比尔的直觉却告诉他，这张照片上的男子与少妇的关系绝对不一般。

结束了这次“闲聊”后，比尔感到很庆幸，因为如果不是来少妇的别墅，单单根据警局中的笔录是体会不到那些语言、动作以及环境中存在的细节的，而这些细节正是这个案件的关键所在。比尔很快就向警方汇报了自己的调查结果。

后来，经过警方深入调查发现，该少妇虽然没有直接实施谋杀其丈夫的行为，但是在她丈夫心脏病突发的时候，少妇并没有进行及时的抢救，才间接导致了她丈夫的意外死亡。在证据面前，少妇也坦白自己和丈夫不仅有很多不和，而且最近她的初恋情人（就是照片上的男子）又回来向她表示希望他们之间可以破镜重圆。所以，在一次与丈夫发生争吵后，她明明知道丈夫心脏病突发，却在救治的过程中犹豫了，希望丈夫可以就此永远消失。

其实，人们之所以会在自己的家里侃侃而谈，丧失警惕性，最主要的原因就是人是一种具有“领域感”的动物。也就是说，在自己熟悉的环境中比较容易在不经意间释放自己的内心。其实，选择熟悉的谈判环境不仅适用于对犯罪嫌疑人的调查，同时也适用于我们日常生活和商业活动中所进行的谈判。但是策略却是相反的。也就是说，在日常生活中进行谈判，为了掌握谈判的主动权，最好选择一个自己熟悉的环境，而不是对方所熟悉的环境。

尽量选择熟悉的环境

在美国曾经有人做过一个有趣的比较实验，结果表明，许多人在自己熟悉的环境中更容易与人进行交谈，而且也更容易说服别人。

所以，在进行谈判的时候，最好选择一个自己熟悉的环境，因为在自己熟悉的环境之中进行谈判，自己就不必分心去观察周围的环境，这样也就可以专心进行谈判；而且，在自己的领地上进行谈判的时候，对方就会有一种“客人”的心理，自然也就会比较尊重身为“主人”的你，就不会过分侵犯主人的利益，这些都有利于谈判的成功。

但是，谈判地点的选择有时候也不能只由一方来决定，如果出现了无法选择自己熟悉的环境进行谈判的客观情况，那就一定要尽力选择一个双方都不熟悉的环境进行谈判。这样双方在谈判的时候都需要面对陌生的环境，不至于让自己陷入不利的谈判局面。

自己主动布“局”

在进行谈判之前，要尽量把选择谈判场地的主动权掌握在自己手中。那么，该如何来选择谈判场地呢?

（1）安静的谈判环境。选择谈判环境的时候，最好选择一个较为安静的环境。而且，在进行谈判之前，最好要求双方都关闭手机或者禁止带手机。因为，在进行谈判的过程中，对方可能会为了缓解压力而接听手机，这样会影响谈判的效果。

（2）如果谈判现场有桌子之类的家具，那么其障碍物最好不要挡住你的视线，这样不利于谈判人员对对手的肢体语言进行观察。

谈判场所椅子的摆放也很重要。谈判者最好把对方的位置安排在靠门的地方，因为当前的谈判环境对于对方来说是陌生的，肯定会存在一定的压力。调查显示，在进入一个陌生环境后，人越靠近门，心理压力就越小。这是由于门在心理学上代表着身体和心理上的通道。所以，为了缓解对方的压力，让对方感到轻松和舒适，最好把对方的位置安排在靠近门的地方。

不仅如此，椅子的摆放角度也要因性别而异。

（1）面对男性谈判对象时，你的椅子方向应该斜对着对方，因为对于男性来说，你如果正对着他的话，就会让他在心里产生一种抵抗的情绪，这对于融洽的谈判关系的确立是非常不利的。

（2）面对女性谈判对象时，你的椅子的方向就可以正对着谈判对象了，因为有关调查研究表明，女性更加适合于面对面的交谈方式。

另外，需要指出的是，在谈判的时候，最好不要选择沙发之类的具有安逸特性的家具，因为谈判是一个需要保持思维高度清醒的过程，过于安逸的沙发会让人有一种昏昏欲睡的感觉。

第二章

我是你的朋友
——如何建立信任

谈判对象是你的对手，也是你的朋友，因为你们之间不是你死我活的较量，而是合作共赢的交易。所以，取得对方的信任是谈判成功的前提。谈判专家告诉你：怎样的开场白才能打开局面，让后续的谈判有一个良好的开端；在谈判桌上，表现自己的精明未必是好事，有时候装傻充愣反倒可以消除对方的戒备心理。

如何说开场白

谈判专家如何开场

谈判专家在与犯罪嫌疑人进行谈判的时候，一般是不会轻易说出第一句话的。而且，谈判专家在进行谈判之前都会花费相当多的心思，对自己要说的第一句话进行反复推敲和思索之后才决定如何开口。

1. 表示友好的开场白

美国人在与自己的朋友或者较为亲近的人进行交谈的时候，一般都会采用“今天的天气不错”“我非常喜欢这样的好天气”等一些有关天气的开场白。所以，谈判专家在审讯犯罪嫌疑人的时候，为了缓解对方过于紧张和警惕的情绪，也会采用这样表示友好和富有日常生活气息的开场白。

在使用这样的开场白的时候，会让对方产生一种轻松的感觉，不会觉得自己是在与警方进行谈判或接受审讯，就像是在与朋友随意聊天。这样会让对方处于一种无所顾忌的状态，也就容易变得夸夸其谈，而谈判专家就是通过这口若悬河的交谈发现一些犯罪嫌疑人无意间透露出来的细节和证据。

当然，这只是美国人的习惯。在我们国家，人们在见面时的问候语一般都是用“你吃饭了吗？”这样的话语来进行开场。其实，在谈判开始的时候，说一些题外话，也就是这种表达友好和散发着生活气息的谈话，经常被大多数的谈判人员采用，并且产生了较好的效果。

在谈判开始的时候，气氛一般都比较紧张和压抑，这对于接下来的谈判可以说是极为不利的。那么，究竟采取哪些题外话开始谈判更有利于缓解紧张的气氛和尴尬的心理呢？题外话的开场白是多种多样的，主要包括以下几种：

（1）关于天气或者季节的开场白。

（2）关于最近新闻的开场白。不过要注意尽量挑选一些对方比较熟悉或者感兴趣的新闻，否则很容易陷入冷场的尴尬之中。

（3）有关对方兴趣和嗜好的开场白。一般来说，这是最容易调动对方兴趣的话题，但这需要在进行谈判之前，对对方的个人信息进行一番较为详细的调查。

（4）有关衣、食、住、行方面的开场白。在谈判刚刚开始的时候，如果你对对方的着装进行合理的赞美，这样也会拉近你们之间的心理距离。

（5）有关身体健康方面的开场白。如果在进行谈判之前，发现对方的资料中有关于健康方面的问题，那么在谈判开始的时候聊一些关于健康的话题，也会引起对方的兴趣。以下这则故事就是一个很好的说明。

一天晚上，一个人被一个穷凶极恶的声音惊醒了。他看见一个头上套着丝袜的大汉正拿着一把手枪，指着他的脑袋说："赶紧给我起来，把你的手举过头顶！告诉我你的钱在哪里？不然我就把你的头打爆！"

躺在床上的人叹了一口气之后，哭丧着脸说："我也很想把手举起来，可是我患有严重的风湿病，手臂疼痛难忍，怎么也举不起来啊！"

那个凶恶的大汉先是一愣，接着心里马上产生了一种同病相怜的感觉，在不知不觉间就改变了原先的语气："啊，老兄，我和你一样，我也有风湿病，但是我的病情比你轻多了，我的胳膊在阴雨天气的时候虽然也会疼，但是还是可以举起来的。对了，哥们儿，你平时都吃些什么药啊？你的这个病有多长时间了？”

人们面对和自己患有相同疾病的人，一般都会拉近心理上的距离，有的人还会把病友当成自己人，而且他们之间还有共同的话题——他们的病情以及治疗情况。

躺在床上的那个风湿病患者把他所吃的药物——从水杨酸钠到各种激素全部详细进行了说明。那个大汉听了后，严肃地对躺在床上的病人说："水杨酸钠可不是什么好药，那是医生专门为了骗你的钱给你开的，吃了那个药就好像没吃一样，不见好也不见恶化。"

躺在床上的病人也很赞同大汉的看法，他用很强烈的语气表示赞同。于是，两人就针对治疗风湿病的药物以及疗效进行了很热烈的探讨，居然越谈越投机，甚至有了一种相见恨晚的感觉。

而且，在谈论之中，大汉在不自觉的情况下，居然坐到了病人的床前，并准备把病人给扶起来。但是在准备扶病人的时候，才恍然发现自己的手里居然还握着那把差点把病人的头打爆的手枪。大汉显得不好意思起来，就赶紧偷偷地把手枪放进了自己的口袋。同时，大汉为了表示自己的歉意就问病人："你有什么需要我为你效劳的吗？"病人高兴地说："我和你谈话挺投缘的，酒逢知己千杯少，我那边的柜子中有酒和酒杯，你把它们拿过来，我要和你喝一杯，庆祝咱们的相识。"

（6）有关出门旅游的开场白。这对于喜欢旅游的人来说是一个非常感兴趣的话题。

（7）有关流行和时尚方面的话题。

（8）说一些对对方有利的话，这样可以很好地缓解比较尴尬的谈判气氛。毕竟谈判的过程就是一个尽量为自己争取最大利益的过程，谈论对对方有利的话题，不仅可以提起对方的兴趣，还可以赢得对方对你的好感。

2. 说故事

以上的情况并不一定适用于所有的谈判，因为当谈判专家所面对的犯罪嫌疑人对自己的犯罪行为手足无措的时候，这样的开场白就不会引起犯罪嫌疑人的注意。面对这样的情况，谈判专家一般都会采用说故事的开场白，比如："我高中时候的一个同学，在学校的时候就非常叛逆和暴力，总是和人打架斗殴……"

采用说故事的方式通常都能引起犯罪嫌疑人的注意力。当然，谈判专家在说故事的时候，并不是天马行空地乱说一通，而是针对犯罪嫌疑人所犯的罪行，讲一些具有启发性和引导性的故事。这样做不仅仅是为了吸引犯罪嫌疑人的注意，更重要的是让犯罪嫌疑人产生一种"找到同类"的心理感觉，进而就会打开自己的话匣子。

所以，我们在日常生活中进行谈判的时候，也可以采用这样具有故事性的话题进行开场。

3. 必要的威严

在谈判专家所面对的犯罪嫌疑人具有很强的抵触心理的时候，一般不会采用比较温和的方式开场。谈判专家通常会在开场的时候，适当地给对方一定的压力，让对方了解自己的处境，如果不与其合作，后果会很严重。比如，谈判专家会对犯罪嫌疑人说："你要清楚，这将是你最后的机会了。"

当然，这种具有一定威胁意味的开场白一般不会用在我们日常生活中的谈判上。但是，有时也会出现个别例外的情况。

一位供货商利用某家企业急需他们原料的机会，在与该企业进行谈判的时候，不仅肆无忌惮地抬高交易价格，而且还经常出言不逊，故意说一些伤害该企业谈判人员和企业名誉的话。

在这种情况下，该企业的谈判人员在下一次与这个供货商进行谈判的时候，就不妨使用具有一定威严的开场白，适当地给对方一点压力，让对方知道，该企业并不是非和他们进行合作不可。

可以这样对供货商说："贵公司如果对于我们之间的合作如此缺乏诚意，那么请便。我们还有许多库存的原料，而且我们已经决定对这种产品进行转型，那样我们就不再需要贵公司的原料，而且以贵公司的这种态度，我认为我们之间以后也不会再有贸易上的往来。"

这样具有冲击性的谈判语言，在谈判中使用的时候一定要慎重，不到万不得已的情况下最好不要使用。就算使用，也不要对对方进行恶意的人身攻击，而是要采取礼貌的态度，柔中带刚、软中带硬。

当谈判专家实在想不出如何进行开场的时候，通常会采用宣读"米兰达警告"作为这次谈判的开始。所谓"米兰达警告"，就是指美国刑事诉讼中的米兰达权利，也就是犯罪嫌疑人在接受审讯的过程中享有保持沉默和拒绝回答审讯人员所提问题的权利，这是一个具有特殊意义的法律制度。

"你有权保持沉默。如果你不保持沉默，那么你所说的一切都能够用来作为法庭上控告你的证据。在接受审讯的过程中，你有权请律师在一旁咨询。如果你付不起律师费，法庭将会为你免费提供律师。你是否了解你的上述权利？"这句话就是著名的"米兰达警告"，有时也被称为"米兰达告诫"。

虽然谈判专家在没有考虑好用什么话来进行开场白的时候才会无奈地用"米兰达警告"进行开场，但由于"米兰达警告"主要是针对犯罪嫌疑人权利的法律，犯罪嫌疑人在听到这样的开场陈述时，就会在无形之中得到一种心理上的放松。这对接下来的审讯与谈判无疑是一个有利的开始。

不过，也会出现这样的情况，有的犯罪嫌疑人在听到“米兰达警告”之后，会向谈判专家提出自己需要找律师。这时谈判专家一般都会对犯罪嫌疑人说：“比起找律师，我觉得你更应该选择说实话。对你来说，说实话会比找律师更有利，这样法庭才会对你网开一面。”

而在犯罪嫌疑人明白自己的权利之后，整个审讯也就进入了正常的轨道。在接下来的审讯过程中，如果谈判专家与犯罪嫌疑人的谈判还算顺利的话，犯罪嫌疑人在通常情况下会主动放弃“米兰达警告”中所提到的自己享有的权利，转而选择和谈判专家进行合作。

第一句话决定第一印象

俗话说，万事开头难。对于谈判来说也是如此，谈判开始的第一句话以及如何开场，不仅决定着对方对你的整体看法，从某种意义上来说，也决定着谈判的成功与否。谈判如何开场以及开口的第一句话，就是对方对你以及你所代表的组织和公司的第一印象。在日常生活中我们都有这样的体会，当你第一次接触某个人的时候，他留给你的第一印象是很难被改变的。

人与人在第一次交往中留下的印象，会在对方的头脑中占据主导地位，这种效应被称为“第一印象效应”。

曾经有心理学家做过这样一个实验：他让两个学生都做对 30 道题中的一半，但是让学生甲做对的题目尽量出现在前 15 道题中；而让学生乙做对的题目尽量出现在后 15 道题中。然后让被试针对这两个学生进行评价：两个学生相比较，谁更聪明一些？调查结果显示，大多数的被试觉得学生甲更聪明。这就是第一印象对于人们的影响。

通常情况下，最初接触到的信息所形成的印象对我们以后的行为活动和评价有着深刻的影响，实际上这就是第一印象的作用。其实，第一印象是一个妇孺皆知的通俗道理。比如，为官者总是很注意自己上任之初的“三把火”，这就是为了让自己在下属和公众的心中留下威严的第一印象，将来自己的工作就好开展了。

心理学家认为，影响人们第一印象的因素包括性别、年龄、衣着、姿势、面部表情以及谈吐等一些外部特征。但是对于谈判来说，基本上就是你的第一句话以及如何开场。

过分亲密，适得其反

人与人之间的距离其实是由人们之间的心理距离决定的。当与一个人的关系很亲密时，就会相对拉近彼此之间的距离，如朋友之间的勾肩搭背等；当与一个陌生人或者不熟悉的人进行交往时，就会保持一定的距离。

如果一个人对一个与自己并不熟悉的人表现出过于亲密的动作或者语言，反而会使对方产生一种厌恶的感觉，会在心里这样说：“我和你很熟吗？”

虽然在谈判刚开始的时候，我们一般都会致力于与对方的关系变得更亲近一些，尽量发展成一种近乎朋友之间的关系，因为这样更有利于我们的谈判。但是，我们也要时刻谨记，这次的谈判大家不过是初次相识，在建立亲密关系的时候，也要保持一定的距离。这样会让大家都很舒服地继续谈判下去。

杰西是一名FBI的探员，有一次他接到一个任务，那就是以普通人的身份去接触一名犯罪嫌疑人，从那名犯罪嫌疑人的口中套取更多有利于破案的细节。

杰西为了尽快完成任务，决定与犯罪嫌疑人建立一种亲密的朋友关系。

所以，在接下来的接触中，杰西表现得很热情，总是对这名犯罪嫌疑人做出亲密的动作，甚至还像在朋友面前那样表现得很随意，如总是随便乱动犯罪嫌疑人的东西等。

结果，杰西并没有成功，因为他的这一系列过于亲密的做法，使得犯罪嫌疑人从心底里厌恶他，心理上有一种抵触的情绪存在，自然也就不可能从犯罪嫌疑人的嘴中获得有关案件的证据和细节。

后来，由于杰西的失败，联邦调查局又派出了一名叫彼得的探员。彼得在这方面就做得比较有分寸。在整个交往和交流的过程中，彼得与这名犯罪嫌疑人一直保持着适当的距离。而且，他还给了犯罪嫌疑人充分的时间，让对方对自己有一个了解，以消除对方本来存在的陌生感。于是，彼得就成功地从犯罪嫌疑人的口中了解了更多关于案件的线索。

其实，不仅在谈判的过程中双方要保持适当的距离，就是在日常生活中，我们在与朋友等一些比较亲密和熟悉的人进行交往的时候，也要保持适当的距离，毕竟距离产生美。

在自然界，每当天气寒冷的时候，野猪就会成群聚在一起相互取暖，而野猪和家养的猪是很不一样的。因为野猪比较凶悍，而且身上还长着许多利器——像刺一样尖锐的猪毛。这些尖锐的猪毛虽然在平时会保护野猪不受其他食肉动物的侵害，但是在扎堆进行取暖的情况下，却显得碍事了。

所以，野猪在积累了长期的经验教训之后，就逐渐掌握了其中的窍门：在取暖时，与其他的野猪要保持适当的距离。这个适当的距离使它们既不会伤害到其他的野猪，也不会伤害到自己，而且还能够起到取暖的作用。

其实，在谈判过程中，与谈判对手也要像野猪那样保持适当的距离。毕竟我们不可能在短时间内把自己的谈判对手变成多年相知的老朋友。双方基本上都是第一次见面，在心理上和行为表现中保持一定的距离是很自然的事。

所以，在谈判刚刚开始的时候，我们是把谈判对手逐渐变成自己的朋友，而不是一上来就把对方当成自己的老朋友那样随便对待，这样只会让对方从心里厌恶你。

寻找双方的共同点

亚里士多德说过这样一句话："我们喜欢那些与我们相似的人，因为大家有着共同的追求，都渴望同样的事物。"所以，在谈判开始的时候，为了拉近双方的心理距离，可以通过自己的观察来寻找双方的共同点，进而营造一个良好的谈判局面。

谈判专家在进行谈判的过程中，通常会努力从以下方面进行观察，以寻找双方的共同点：衣着服饰、文身、办公室陈列的物品、家中的小饰物等。而人们在与陌生人开始进行对话的时候，往往会假定对方与自己有着一些相似性，这样的假设会让彼此之间的心理距离在一定程度上拉近。

乔治是一名刚毕业的学生，但在找工作的过程中受到了极大的打击，因为他所面试的公司都没有录用他。不过，乔治还是准备去参加另一个公司的面试，在去参加面试之前，乔治首先对那家公司的基本资料进行了一番调查。他从公司的资料中发现，这个公司的老板和自己的就业经历有着惊人的相似性。所以，乔治决定在面试结束之后，去找那个老板好好谈谈，希望这样做会使录用的概率更大一些。

出人意料的是，面试官就是这个公司的老板。在面试的过程中，乔治声情并茂地向这名老板讲述了自己的就业经历以及怀才不遇的愤懑心理。

果然，与乔治有相似经历的老板就这样被打动了，这位老板对乔治的工作能力和就业经历十分赏识和同情。于是，当场就决定录用乔治为该公司的业务经理。

其实，乔治的这种行为就是一种“名片效应”。所谓名片效应，就是指在两个人进行交流的过程中，如果发现对方与自己有着相同的价值观和态度或者是其他相似的地方，那么彼此之间的心理距离就会相对缩小，进而建立起良好的人际关系。无论是在日常的人际交往中还是在谈判专家谈判的过程中，这种“名片效应”的使用对于培养良好的人际关系有着不可替代的重要作用。

所以，在谈判的过程中，使用“名片效应”，往往会产生让人意想不到的效果。不仅可以让对方尽快地接纳自己，而且还能让自己的许多观点得到对方的认同，使双方的谈判过程更加顺利。

延伸阅读：谈判开场的原则

在谈判刚开始的时候，谁在开场中占据了优势地位，谁就可能在接下来的谈判过程中获得更多的利益。所以，谈判的开场是每个谈判人员都非常重视的一点，但如何才能在开场的时候占据优势地位呢？除要掌握上述的一些技巧以外，也要遵守一些基本的原则。

1. 平等的原则

在谈判刚开始的时候，双方一定要遵守平等的原则，这可以说是整场谈判的基础。尤其是在谈判刚刚开始的时候，一定要明确执行这个原则。

平等的原则其实是相互的，如果在开场的时候，对方的地位高于你，那么在接下来的谈判中，你基本上很难再逆转自己的地位。这样一来，你就会变得很被动，或许谈判的结果还会对你不利。如果在谈判刚刚开始的时候，出现了你的地位比对方高的情况，那也是不利于谈判进行的。因为这会使对方的自尊心受到一定的打击，在接下来的谈判中进行合作的时候，就会变得很消极。而且，在谈判刚开始的时候，履行平等的原则还可以给大家创造一个互相了解的平台，也就有了进一步谈判的条件。

2. 语言要简洁

由于在谈判开始的时候，双方进行自我介绍和陈述的时间一般都会比较短。所以，在进行提问和陈述的时候，要尽量把语言变得简洁，这样不仅可以节约时间，也可以给对方留下一个比较干脆利索的好印象。但是，在语言保持简洁的情况下，一定要把你要表达的意思说清楚，不可以含糊不清。

3. 要表现出愿意接受对方意见的态度

在刚开始进行谈判的时候，如果对方提出的一些建议是比较合理的，那就尽量对对方所提出的建议表示愿意接受。因为通常情况下，在谈判刚开始的时候，对对方的建议表现出赞同的态度，要比表现出反对的态度更有利于接下来的谈判。

适当装傻，消除戒备

菜鸟探员

罗伯特·汉森是一名探员，他在美国联邦调查局中可以说是无所不能的，他有着22年的工作经验，算是美国联邦调查局之中最厉害的一名双面间谍。他向美国提供了许多别国的国家机密，也向别国提供关于美国的国家机密。在这22年的双面间谍生涯中，罗伯特·汉森捞了不少钱。

只是时间长了，联邦调查局的高层自然也就知道自己的内部隐藏着一个泄露国家机密的间谍，所以他们一直致力于揪出这名间谍。无奈，罗伯特·汉森是一条老泥鳅，十分狡猾，行动非常隐秘。探员们都知道联邦调查局中潜伏着内鬼，但是谁都束手无策。

直到2001年，罗伯特·汉森才在一个由500多人组成的调查团的共同努力下迎来了自己的末日。在整个调查的过程中，有一名外号为“菜鸟探员”的特工，发挥了关键性的转折作用。因为这名“菜鸟探员”向组织提供了大量关于罗伯特·汉森的犯罪证据。

罗伯特·汉森是一个非常谨慎和狡猾的间谍，他做任何事情都是亲力亲为，这倒不是因为他身为间谍多么敬业，而是因为罗伯特·汉森这个人的疑心非常重，不会轻易相信任何人，除了他自己。但是，他却和这位“菜鸟探员”十分投缘，而且这位“菜鸟探员”是他在联邦调查局中唯一信任的探员。

其实，这也很正常，因为对于人们来说，尤其是像罗伯特·汉森这样的聪明人来说，那些越是表现得高高在上和聪明的人，越是让人产生一种心理上的距离感，所以会采取一种敬而远之的态度。但是，对于那些看起来有些呆头呆脑的人，甚至有时说话常常会出现这样或者那样的错误的人，反而会让人产生一种亲近、安全、可靠的感觉。与这样的人在一起，人们会觉得不用再保持那么高的警惕性，心理上自然就会放松很多，也就会对这样的人产生一种莫名的信任。

罗伯特·汉森后来就选用这名看上去傻里傻气的“菜鸟探员”做他的助理，而这位“菜鸟探员”在做罗伯特·汉森的助理的时候，不仅显得呆头呆脑，而且基本上什么都不懂。但是，罗伯特·汉森并没有因此而解雇这名“菜鸟探员”，相反却对这名“菜鸟探员”更加信任。

在担任罗伯特·汉森的助理期间，这名“菜鸟探员”对罗伯特·汉森最常说的一句话就是：“对于这方面我可是一窍不通，还是你自己决定吧，不然我会把事情搞砸的。”或者就是：“我的脑子不好使，你说的这个问题实在太复杂了。你就直接说我需要做什么就行了。如果我的脑袋像你一样聪明的话，我就不会只是你的助理了，那我早就像你一样那么神气了……”

罗伯特·汉森通过自己的观察，还发现这位“菜鸟探员”在说话时或者表达问题的时候，语言一般都很简单和通俗易懂。“菜鸟探员”的这个特点在罗伯特·汉森的眼里就是大脑简单的一种表现。因为罗伯特·汉森认为，一个人的语言越简单和通俗，就说明这个人的思维方式越简单。就这样，聪明一世却糊涂一时的罗伯特·汉森栽到了不起眼的“菜鸟探员”手里。

很多探员在与案件知情人士交谈的过程中，为了能够从对方的口中得知更多的案件信息，一般都会采用适当“装傻”的方式。而事实证明，这样的方式的确可以从对方的口中收集更多的信息。

在日常生活中，我们经常会对那些看起来像“傻瓜”的人说一些平时不可能对聪明人说的话，只是因为我们在“傻瓜”面前很容易变得毫无戒备，自然也就觉得什么话都可以对“傻瓜”说。而且，我们会发现，那些取得成功的人大多数都是一些聪明的“傻瓜”，这是因为他们会适当地装傻。

为什么人们会对那些看起来像傻瓜的人产生一种亲切之感，而对于那些看起来聪明和狡猾的人反而会有一种反感的心理呢？这是源于我们人类的本性。通常情况下，我们面对那些表现出无所不知的人，会产生一种挫败的感觉。觉得自己所要说的事情，对方早就已经知道了，自己如果再继续说下去的话不仅没有任何意义，而且说不定还会被他人嘲笑，干脆就变得不愿意再继续交谈下去了。

从那些无所不知的人们的角度来讲，人们在自己所知道的和熟悉的领域一般都会有一种“好为人师”的习惯，特别是在面对那些什么也不懂的人的时候，尤其会激发那些聪明人侃侃而谈的欲望。而一旦打开话匣子，聪明人就会在无意之中透露出许多有用的信息。

不经意的叛徒

在“二战”时期，美国联邦调查局的探员接到了一个新的命令，从被捕的一名德国高级海军军官的嘴中套出有利的情报，而且由于前方战局紧张，一定要尽快得到情报，然后才能应用于实战之中。

可是，探员们使出了浑身解数，也没能从这名德国军官的口中套出一点有用情报。因为这名德国军官显得很忠诚，无论使用什么样的方法，在德国军官坚定的忠诚面前都变得毫无作用。探员们几乎都要放弃从这名德国军官的口中套出情报的努力了。

但是，在一名探员的建议下，联邦调查局决定带这名军官去听一堂关于海军方面的培训课。当然，这个课程是联邦调查局特别安排的。在这堂海军培训课上，无论是讲课人员还是台下的听课者，无一不是漏洞百出，装傻充愣。刚开始的时候，那名德国海军军官并没有说什么，但是探员们从他的面部表情中发现他很痛苦，因为优秀的他实在忍受不了像傻瓜一样的美国海军培训课程。

果然，没过多久，那名德国高级海军军官就在愤怒之下，指出了教学人员存在的错误。接下来，他忍不住侃侃而谈起来，而下面由探员们伪装的听课者，也很配合地装起傻来。就这样，一来二去，这名德国的高级海军军官就在不经意中成了德国军队的叛徒，而从他口中得到的情报，也很快地应用到了实战之中。

在进行谈判以及审讯的过程中，人们都会保持着比日常生活中更高的警惕性。所以，为了使对方放松警惕，可以适当地表现得“傻气”一些，因为这样不仅可以达到使对方放松戒备的目的，还会使对方觉得你是一个很真实的人，进而拉近彼此之间的心理距离，甚至可以像对待朋友那样无话不谈。

但是，“装傻”可以说是一个高难度的技术活，一旦装不好就会适得其反。那么，如何才能够做一名聪明的“傻瓜”，而又不被对方觉察呢?

在进行谈判的过程中，可以偶尔发一下呆；说一些前后矛盾的话；对于对方提出的问题可以稍微进行一下停顿再回答。不过，这样的方法在进行谈判的过程中不太好掌握。所以，人们一般会采用将自己所要说的话尽量用最简单和通俗的语言表达出来的方法。据谈判专家在这方面的调查发现，人们最喜欢的交流方式就是对方把自己的话用最简单和最通俗的语言表达出来。

所以，无论是在进行谈判的过程中还是在日常生活中，在进行交流时尽量不要使用专业性的名词和具有抽象意义的概念。如果出现了非要使用的情况，可以把专业性的名词和抽象的概念转化为具体形象的语言，最好是用讲故事的形式说出来。这样不仅可以让对方更容易接受，也可以拉近彼此之间的心理距离。而进行转化的标准尽量遵循这样的原则，达到“初中三年级的理解水平”。

比如，在做关于“蝴蝶效应”的解释的时候，一般的专业人士会这样进行解释：所谓蝴蝶效应，是指在一个动力系统中，初始条件下微小的变化能引起整个系统长期而巨大的连锁反应；这是一种混沌现象；此效应说明，事物发展的结果对初始条件具有极为敏感的依赖性，初始条件的极小偏差，将会引起结果的极大差异。

这样很抽象的专业性解释，读起来都很不容易理解，更别说是听，很容易让听众产生一种厌烦的情绪。但是，如果做故事性的、具体形象的解释，效果就会好很多。比如，所谓蝴蝶效应，指的是假如潘金莲不开窗户的话（我们所熟知的《水浒传》中潘金莲和西门庆的初次相见就是因为潘金莲在开窗户的时候，不小心用撑窗户的棍子砸到了西门庆，这才给了西门庆觊觎她美貌的机会），就不会遇到西门庆；不遇到西门庆，就不会出轨；不出轨的话，就不会用计毒杀武大郎；那么武松也就不会杀掉潘金莲和西门庆，为兄报仇而触犯法律，也就不会被逼上梁山；武松不上梁山，也就不会在后来的战争中擒获方腊；而方腊就会夺取大宋的江山；接下来就不会有金兵入关，就不会有大清王朝……

这个故事虽然具有很强的戏剧性，但还是很形象、幽默地解释了蝴蝶效应。这样的谈话技术正是在进行谈判过程中所必须掌握的。

有意识地睁大眼睛

有关心理学家的一项调查研究表明，人们更喜欢和那些睁大眼睛的人进行交谈。在心理学家进行调查的过程中，是将有关眼睛的照片放在被试者的面前，其中一张照片的眼睛睁得大大的；而另一张照片的眼睛却是微微眯起来的。然后，由被试者回答更喜欢哪一张照片。调查结果显示，大多数人更喜欢那张眼睛睁得大大的照片。

在日常生活的交谈中，人们也更喜欢与那些眼睛睁得大大的人进行交流。因为眼睛睁得大人不仅会给人一种生机勃勃的感觉，更重要的是让人有一种被尊重的感觉。因为睁大眼睛在无形之中传达着这样一个信息，那就是我对你所说的话感到惊奇和充满兴趣。而接到这样信息的对方自然也就会变得心情愉快起来，并愿意和这样的人继续进行交谈。

意外成功的演讲

汤姆是一名探员，有一次他接受了一所警察学校发出的邀请——去进行一场演讲。虽然汤姆在之前做了一些准备，但是在演讲刚开始的时候，由于与学生们的互动不是很好，所以汤姆觉得自己进行的这次演讲并不受大家欢迎。

但是，汤姆在意外的情况下，瞥见了下面的一名女生，他的注意力一下子就被这名女生吸引了。其实，这名女生的长相十分普通，之所以会这样吸引汤姆，最主要的原因就是汤姆发现那名女生的眼睛一直睁得大大的，而且汤姆还觉得那名女生的视线一直没有离开过自己的脸。

很快，汤姆就被这双睁得大大的眼睛所鼓舞，马上变得很兴奋。于是，在接下来的演讲中，汤姆充满了热情。因为汤姆从那名女生的眼睛中看到了希望，觉得还是有人喜欢自己的演讲，尽管只有一个人。汤姆在接下来的演讲中所表现出来的热情极大地感染了下面的听众，大家对汤姆的演讲充满了兴趣。在演讲结束的时候，汤姆赢得了雷鸣般的掌声，演讲就此获得了成功。

汤姆对那个女生很感激，在演讲过后就去找那个女生道谢。谁知，那名女生却告诉他，由于自己的位置实在太过靠后，而且坐在她前面的两名同学一直在说话，虽然声音很小，但还是影响了她，汤姆演讲的内容她并没有听清楚多少。虽然汤姆对于这名女生的回答很失望，但毫无疑问的是，正是那名女生睁得大大的眼睛鼓舞了他，这才有了演讲的意外成功。

所以，在进行谈判的过程中，为了赢得对方的好感，就要表现出对对方所说的话很感兴趣。在表达自己很感兴趣的时候，自然可以采用一些充满热情的语言，但是对这样语言的把握比较困难，一不小心就会让对方觉得有阿谀奉承之嫌。所以，最简单和最安全的方法就是把你的眼睛睁得大大的，以表示你对对方所说的话很感兴趣，从而让对方有一种被尊重的感觉，心情也就会变得愉快起来，接下来的谈判就会顺利很多。

通常情况下，人们在遇到那些自己比较感兴趣的事情时，都会在无意识的情况下睁大自己的眼睛。而在与人进行交谈的时候，在适当的时机有意识地睁大眼睛，留给人的印象会比那些眼睛微微眯起的人要好上 2 ～ 3 倍。

第三章

一言九鼎
——掌握谈判中的沟通技巧

谈判就是沟通，谈判高手首先是个说话达人。谈判专家会告诉你：在谈判桌上如何陈述自己的立场，如何倾听，如何提问，如何回答，如何拒绝，这里面可有一番大学问。

谈判的过程实际上就是一个语言交流的过程。所以，在谈判的过程中合理地运用一些语言方面的技巧，有助于谈判双方的沟通和气氛的调节，使谈判成功地进行下去。

在进行谈判的过程中，交流是最重要的工作，而语言技巧的使用是否成功直接关系到谈判的结果。面对同样的情况，使用不同的语言，往往能起到意想不到的作用。

相传有个皇帝晚上做了一个梦，梦见自己的牙齿全掉光了（在我国的传统迷信中认为，在梦中掉牙齿是一种不吉利的现象，意味着可能会有亲人去世）。第二天早朝的时候，皇帝向大臣们述说了自己的梦境，希望大臣们能够给自己的梦境一个合理的解释。

其中一位大臣说："这个梦境意味着，皇上，您的家人将比您先死。"皇帝一怒之下把那个大臣杀了。可是另一个大臣却说："皇上，这是一个非常吉利的梦境，这意味着您比您的家人都要长寿。"皇帝一听很高兴，就赏了那位大臣很多的黄金。

这个大臣撒谎了吗？没有，他说的也是事实，只不过同样的话用不同的语言技巧表达出来罢了。这就是语言技巧带来的巨大差异。

俄国伟大的诗人普希金，在彼得堡参加一位公爵举行的家庭舞会时，邀请其中的一位小姐跳舞，谁知那位小姐拒绝了普希金的邀请："我不能和小孩子一起跳舞。"这是一个具有侮辱性的拒绝。不过普希金很快就给予了“礼貌”的回击：“对不起，我亲爱的小姐，我不知道你正怀着孩子。”说完，普希金彬彬有礼地向她鞠了个躬后离开了，那位小姐不仅无言以对，而且脸都羞红了。

其实，语言的技巧不仅在日常生活中会产生意想不到的效果，有时在谈判中也会发挥逆转性的关键作用。

这么说才有效

用“谢谢”代替“对不起”

有一次，查理和艾米约好，准备就某些事情进行面谈。但是，在去往约谈地点的路上，由于不可避免的意外情况，查理迟到了，而且整整迟到了十分钟的时间。不过还好，艾米虽然对于查理的迟到行为很反感，但还是坚持等查理来。

按理来说，迟到这种行为是一种很不礼貌的行为，特别是在进行谈判或者约谈的场合，大多数人在遇到这种情况的时候，一般都会采取先道歉的态度。

道歉的话在我们的日常生活和人际交往中的确能够产生比较好的效果，但这并不意味着“对不起”这三个字适用于所有的情况，特别是在谈判或者约谈场合迟到，抱歉的话往往会被对方抓住把柄，进而在接下来的谈判过程中会稍显被动，而且谈判对手还会死死抓住你迟到的这个把柄，让你在谈判中付出难以想象的巨大代价。

比如，日本的一家汽车公司刚刚准备在美国打开市场的时候，亟须找一家美国的代理商来为他们的公司销售产品，以弥补这家日本公司不了解美国市场以及美国民众的消费心理的缺陷。

但是，就在日本的这家汽车公司准备和美国的某公司就这个问题进行谈判之前，出了一点小问题——日本汽车公司的谈判人员因为交通堵塞在路上耽误了不少工夫，结果迟到了。这位日方谈判人员在刚刚到达谈判地点的时候，马上就向美方的谈判人员道歉，表现得很恭敬。美方的谈判代表虽然表示了谅解的态度，但是在接下来的谈判过程中，美国谈判人员的表现足以说明日方谈判人员的迟到是多么严重的事情。

在后面的整个谈判过程中，美方的谈判人员牢牢抓住日方谈判人员的迟到问题不放，希望可以通过这样的手段，在谈判中获得更多对自己有利的优惠条件。日方的谈判人员就显得很被动，而且谈判的结果表明，日方在生意上的确失去了不少利益，已经超过了公司的预算。

从日方谈判人员的经历中，我们可以看出：谈判场合的意外迟到，道歉的话并不是最好的语言技巧。当然，在进行谈判之前，一定要有充足的准备，避免迟到的发生。但是，如果真的不可避免地出现了迟到的情况，我们到底应该如何表达，才能够最大限度地挽回迟到所造成的损失呢？

查理在面对迟到的情况时，是这样对艾米表示的："谢谢你等了我这么久，你已经做好准备了吧？我们现在开始……"这样的表达既显得礼貌，也让已经等了查理十分钟的艾米无法再就查理迟到的问题进行纠缠与刁难，自然也就不会在接下来的谈判过程中使查理像那个日方的谈判人员那样，处于非常被动的地位。不过，最重要的是，艾米在听到查理的话后，就没有理由拒绝这次的约谈了。

或许有不少人认为查理的做法并不会取得良好的效果，说不定还会引起艾米的厌恶与不满。但是对于查理来说，既然迟到已经变成无法改变的事实，那就只能用一些语言方面的技巧把这样的损失降到最低。而且，谈判和约谈的关键是尽快切入正题，而不是在一些不重要的细枝末节上面进行过多的纠缠。最重要的是，查理的感谢已经表达了自己对于艾米等待行为的感激之情，同时也将自己迟到所带来的尴尬气氛巧妙地化解掉了。

某公司的经理曾经接待过一个客户，这个客户在刚开始进行谈判的时候，就怒气冲冲地向该公司的经理进行抱怨："为什么贵公司的财务部门昨天给我发邮件，催我还 4 万元的债款，我不是早就打到贵公司的账户上了吗？"

当时，该公司的经理极其冷静和礼貌地接待了这名客户，并聚精会神地听客户烦琐且愤怒的叙述，中间并没有插嘴，而且还对客户表示自己很理解他这种恼火的心情。

等到客户抱怨完以后，出人意料的是，该公司的经理并没有因为自己公司的意外失误而向客户道歉，只是对客户说："非常感谢您的提醒，因为您指出了我们公司可能存在的一个失误。我们一定吸取教训，把这件事情调查清楚，给您一个合理的解释。"听到这名经理的话后，客户感觉很意外，不过怒火已经完全消下去了。后来，该客户在回去之后，冷静地查询了一下自己公司的账户，发现自己的确欠了那家公司 4 万元的货款。

在谈判技巧中，用"谢谢"来代替"对不起"可以使自己在谈判过程中掌握主动权，把被动状态变为主动。这样一来谈判效果自然也是非常理想的。

在日常生活中的很多时候，道歉的话虽然可以化解许多人的愤怒，从而避免潜在的人际冲突。但是，在谈判中，"谢谢"的适当使用，却可以让对方觉得你更有礼貌和修养，而且道谢的话还可以使人们之间的相处变得更为融洽。所以，无论在日常生活中还是在谈判的过程中，"谢谢"与"对不起"要根据具体的情况进行有选择性的使用，这样才能够产生更好的效果。

差之毫厘，谬以千里

谈判专家在进行谈判的过程中，非常注意自己的语言技巧，尤其是某些话或者某些词语的斟酌使用。而事实证明，在谈判的过程中，一些词语和句子的微小差别往往会给谈判的气氛与效果带来巨大的影响。从以下几个简单的小例子中，我们可以窥知一二。

1.“但是”和“而且”

我们都会有这样的经验，在日常生活中，如果有人对你表示赞扬：“你这个人很稳健、智慧，很成熟，但是有时候却表现得过于怯懦和世故，还有圆滑……”本来听到前半句话的你还是很高兴的，但是一听到后面的话时，你的心情就会变得不爽起来，对方对你的赞美也就会大打折扣。大多数人一般都会对前半句的赞扬置之不理，而十分在乎“但是”后面的那半句，有的人甚至还会对那个进行赞扬的人有一点仇视的心理。

我们会发现，如果把这种赞扬人的话反过来说，就会产生完全不同的效果。“你平时虽然表现得有些怯懦和世故，还有圆滑，但是我觉得你这个人很稳健、智慧，很成熟……”大多数人在听到这句话的前半句的时候，心里会升起一股无名火，认为这个人说话实在是太尖刻了。可是，在听到“但是”后面的话之后，心情马上就会有一个一百八十度的大转弯，认为这个对你进行赞美的人非常有眼光，而你看这个人也就会顺眼很多。

不过，谈判专家在进行约谈的过程中一般不会使用“但是”这样的词语，取而代之的是“而且”。面对对方所陈述的事实和建议时，他们一般会采取一些具体的步骤来表示对对方的赞同和补充。比如“你所说的这个主意是不错的，但是我觉得还有更多更好的建议……”，谈判专家会换成这样的方式进行叙述：

“你所说的这个主意不错，而且，如果我们稍微做一下改善会更完美……”同样的意思，不同的表达技巧却让人有了天壤之别的感受。

2.“首先”和“已经”

大多数人在刚刚接手一项工作，初次向老板进行汇报的时候，一般会这样叙述自己的工作流程：“我首先做了熟悉情况的工作……”这样的叙述在老板听来会产生一种错觉：是不是还有许多未完成的工作？而且老板也无法从你的叙述中感觉到你对于完成这项工作具备的自信。

而谈判专家在向自己的上司汇报工作的时候会这样叙述：“我已经熟悉了这里的情况，接下来我会……”这样不仅让上司觉得自己在私下里做了许多的准备工作，还可以让上司感觉到你对于接下来的工作把握很大。

3. 敲定谈判时间的语言技巧

谈判专家在与被约谈的对象确定约谈时间的时候，通常会给出十分准确的时间。他们很少会采用以下的说法：“如果你周五有时间的话，我们可以约在十点左右的时候聊一聊。”因为这样的说法，会给对方一种随意和模糊的概念。

尤其是在进行商业谈判的时候，这句话会给对方留下非常不好的印象——连个谈判的时间都无法确定，甚至还会让对方觉得你对于这次谈判并不在意（如果对方的企业比你所代表的公司要小或者弱势，对方会觉得你是在轻视他们的公司）。而且还会给对方一种错觉，那就是你的工作态度不认真。

所以，谈判专家通常会选择以下的说法：“某月某日上午十点整，在某地进行约谈。”这样的话会给对方一种比较正式的感觉，而这就是“几点左右”和“几点整”在语言上的微小差别所带来的巨大差异和不同的心理感受。

不过，在进行约谈时间确定的时候，“几点左右”和“几点整”的选择也要根据具体情况而定，一般情况下，“几点整”比较适用于商业性的具有正式意义的谈判。如果是对犯罪嫌疑人进行调查时的约谈，使用“几点左右”的效果要比“几点整”好一些。因为“几点左右”这样的时间范围给人一种日常生活的随意之感，不会使犯罪嫌疑人的警惕性得到提高。在进行约谈的过程中，也就可以从对方的口中获取更多的关于破案的细节性证据。

4.“错”与“不对”

“错”与“不对”虽然都表达着相同的意思，但是给人的心理感觉却有不小的差异。在日常生活中，当一个人做错事情的时候，我们通常会说那个人做错了。而被说做错的那个人心里肯定会很不愉快。那么，我们就来看看谈判专家是如何解决这样的问题的。

皮特在对某个案件进行调查的时候，曾经错误地把这个案件的嫌疑对象转移到了其中一名证人身上。在案件结束之后，皮特特地向这名证人进行了正式的道歉，可是这名证人很生气，不仅不接受皮特的道歉，还让皮特把他的上司叫来。

无奈之下，皮特只好请出自己的上司来解决这个问题。皮特的上司闻讯赶来之后，并没有像其他的主管那样说：“都是你的错，你现在的道歉是应该的。”这样的批评，不仅会使皮特的心里很委屈：“出错本来就是一件很正常的事情，再说我已经郑重地道过歉了。”继而就会心生怨念。而且这样的语言还会激起那名证人的怒火，使其更加不依不饶，不仅无益于事情的解决，或许还会使情况变得更糟。

皮特的上司是这样对那名证人进行解释的——“这件事情确实是皮特不对，您放心，皮特会为他的行为负责的。”皮特的上司心里很清楚，自己的目的就是化解皮特与那名证人之间的矛盾，如果使用“错”这样有些严厉的字眼，反而会让证人感觉到厌烦，继而激化双方的矛盾。而像“不对”这样稍显温和的词语的使用，效果就会好很多。

叙述的技巧

在进行谈判的过程中，叙述是必不可少的环节之一。事实上，谈判过程中的叙述和答复有着某种意义上的相似性。但是，两者还是有很大的不同。其中，答复是指对对方所提出的问题进行有针对性的陈述，而叙述则是指在谈判的过程中从己方的立场、观点等方面进行阐述。最重要的是，通过表达对各种问题的具体看法或者是对客观事物的阐述，达到让对方充分了解自己的目的。

其实，谈判过程中叙述比答复更带有一种主动性，而且也不会受到对方所提问题的方向和范围的约束。但是谈判过程中的叙述，不仅影响着对方对你的基本印象，而且也会直接影响到谈判的效果。所以，在谈判的过程中进行叙述的时候，一定要掌握一些技巧，而这些技巧往往能够产生事半功倍的良好效果。

在谈判的过程中进行叙述的时候，一定要遵循以下几个原则：

（1）一定要保证自己叙述语言的简洁，但是同时要力图表达清楚，不能为了简洁就省略掉不应该省略的部分。

（2）叙述的语言一定要生动、形象和具体。如果涉及抽象和专业性的概念时，一定要尽量使用对方听得懂的语言进行陈述和沟通。因为谈判中的叙述是为了让对方可以更清楚地了解自己所叙述的事实和情况，甚至让对方接受自己的观点。而不是借用这个谈判叙述的机会，向对方炫耀自己的学问和所掌握的词汇量。这样的行为是极易激起对方的反感情绪的。

谈判专家在进行约谈之前，常常会对对方平时遣词用字的习惯进行一个调查，进而在约谈的过程中，可以尝试着模仿对方的说话习惯进行叙述。因为人平时的说话习惯往往在很大程度上决定着他的倾听方式。而事实证明，在谈判过程中的叙述，尽量使用对方比较偏好的语言方式，能够建立良好的谈判关系，给对方留下一个亲切而且懂得灵活变通的好印象。

（3）在陈述的时候，一定要有层次感，也就是分清所叙说内容的主次。这样不仅显得谈判人员有礼有节和轻重得当，而且让听者也会感觉很轻松，不至于一头雾水，从而产生一种不知所措的感觉。

（4）所叙述的内容一定要保证它的客观真实性。这一点在进行商业谈判的时候尤为重要，因为对于商家来说，诚信是一种无形的利益和财富，一旦丧失将无法得到弥补。一个人对另一个人产生信任很难，而破坏两人之间的信任却是轻而易举的事情，对于企业来说也是如此。

（5）在叙述的过程中，如果出现了某种错误，一经发现就要及时纠正。差错总是会出现，任何人都无法避免。在进行谈判之前，无论准备得有多么充分，在叙述的过程中，还是经常会因为跑题或者遗忘等问题而出现叙述上的错误。这时，谈判者不要因为不好意思或者碍于面子而采用将错就错和顺水推舟的方法，想就此瞒天过海。这样只会起到掩耳盗铃的作用。谈判者在遇到这种情况的时候，需要勇敢地及时纠正这些错误，进而不让对方的理解出现偏差。

（6）必要的情况下，在叙述的过程中可以适当地进行重复。在叙述的过程中可能会出现对方不理解或者没听清以及有疑问的情况，这就需要谈判者适当放慢自己的语速并重复进行叙述。当对方表示自己没理解的时候，一定要进行耐心的解释，直到让对方理解为止。

而且，也要注意对方理解中所出现的误解和偏差，这需要谈判者耐心地反复进行解释，直到把对方的误解和偏差澄清为止。必要的时候，谈判者在面临对方的理解偏差时，可以换一种更有利于理解的方式进行叙述。

不过，谈判者在进行叙述的时候，可以细心地对对方的眼神和表情进行观察，如果对方出现了不理解或者疑惑的表情时，就要主动进行重复性叙述。而且，在谈判之前准备叙述材料的时候，如果自己本身觉得某个地方不好理解或者容易出现歧义、导致误解，可以在叙述的过程中进行刻意的重复。

（7）在叙述的过程中如果涉及数字时，要尽量避免使用包含上下限的数值等。

在谈判的过程中，尤其是在进行商业谈判的时候，叙述中总是会不可避免地涉及一些数字和数值的使用，比如价格、兑换率、赔偿额、增长率等。这时就需要谈判人员尽量提供一些确切的具体数字，比如 1000。而不是提供处于某一上限与某一下限之间的数值，比如 1000 ~ 1500 之间。

因为提供像 1000 ~ 1500 这样具有上下限的数值，会使谈判对手很自然地选择有利于己方利益的上限或者下限作为讨价还价的基础。

倾听更管用

在进行谈判的过程中，在适当的情况下保持沉默，运用倾听的技巧，反而会取得更好的效果。谈判专家加里·内斯纳根据他从事危机谈判30年的经验告诉我们："我们更需要的，并不是讨价还价技巧的培训，而是在危机管理中所需要的技巧培训以及积极倾听的大量技巧。"

近年来，谈判专家更加倾向于在谈判的过程中，尤其是关于人质解救的危机谈判中，运用倾听的技巧。而事实证明，倾听技巧的适当使用，的确帮助他们解决了许多一触即发的对抗性事件。

谈判专家的倾听技巧

谈判专家根据以往谈判实践通过倾听所取得的成功经验，总结出有关积极倾听的若干技巧。主要包括以下七个方面：

1. 适当给予较小的鼓励

谈判专家在积极倾听对方的叙述时，会适当地给予较小的鼓励和肯定。在谈判的过程中，所谓的倾听其实并不单单是指运用耳朵这样的听觉器官去听对方的陈述，而是在运用耳朵听的时候，再充分调动自己的视觉器官——眼睛，去进行仔细的观察，留意对方的动作和表情，继而用自己的心去体会对方所要表达的内心感受，然后用自己的大脑去思考对方所说的话背后的动机和目的。总而言之，整个倾听的过程就是耳朵、眼睛、心灵以及头脑并用的过程。

但是，只听不做适当表示的话，对方会认为你没有在认真听他讲话，只是在敷衍他。在商业谈判中，这可能会影响谈判的结果与公司的利益。但是，如果是在进行危机谈判的过程中，谈判人员这种对绑架者漠不关心的倾听，可能会激怒对方，进而发生意想不到的危险。

所以，谈判专家告诉我们，在谈判过程中运用倾听技巧的时候，通过自己对对方的观察，要在适当的时机给予对方一定的回应，以向对方表明你是在认真倾听和关注对方所说的话。

不过，在进行这样的表示的时候，谈判专家还警告我们，这样的回应不宜太长，只要进行简短的回应就好。当然，也可以通过运用一定的肢体语言进行回应。

而且，事实证明，谈判专家在运用倾听技巧的过程中，对对方进行简短回应的时候，往往会起到鼓励对方继续陈述下去的作用，而且这样做会让对方渐渐放松对整个谈判局面的控制力，继而使谈判专家可以掌握更多的控制权。即使是做出像“是”“好”或者是“我明白了”这样很简短的回应，也可以产生较好的效果。

2. 复述对方所说的话

在谈判过程中，运用倾听技巧的谈判人员也可以适当地运用复述的技巧，这样不仅向对方表示你在认真听他讲话，而且还理解了他所讲的话；不仅会让对方有一种被尊重的感觉，还会有一种得到理解的感觉。

在倾听中的所谓复述，就是指谈判人员用自己的语言复述对方所表达的信息，并反馈给对方。例如，对方可能会说：“我要和我的儿子一起死，我那么兢兢业业地工作，最后还是被解雇了，老婆也离我而去，我的朋友在我没了工作以后也不来往了，我的积蓄也没有了。”这个时候，谈判人员就可以进行这样的复述：“你已经失去了你的妻子和工作，还有朋友、金钱，你感到活着很没意思。”

3. 简单重复的技巧

简单重复的技巧是指在倾听的过程中，谈判人员可以适当地重复对方语言中的最后几个字或者最后几句话。这个技巧在心理咨询的过程中也经常会被心理咨询师所应用。在适当的时候重复对方所说的最后一个词语，往往可以起到引导对方继续说下去的作用。比如，当对方说：“最近的生活给我带来了很大的压力。”心理咨询师就可以这样说：“生活带来的压力？”这样就会引导对方说出自己的压力主要有哪些。

这么做既可以向对方表示你在认真聆听他的话，还可以很好地参与到谈判过程中。这种技巧在危机谈判的早期会显得非常管用。比如，当对方向你抱怨“我讨厌现在这种无聊的生活”的时候，谈判人员就可以做出这样的回复：“你感觉很无聊，是吗？”这样会引导对方继续自己的陈述，从而有利于谈判人员理解对方所提供的一些有价值的信息，还可以给对方一个宝贵的倾诉机会。

4. 注意观察对方的情绪变化

在倾听的过程中，谈判人员一定要注意观察对方的情绪状况和感情需要，这一点在危机谈判中尤为重要。因为绑架者的情绪状况基本上决定着人质的生命安全，如果对方的情绪过于激动或者充满愤怒，很可能就会开枪杀死所绑架的人质。

5. 倾听的过程中尽量问一些具有开放性的问题

在进行倾听的过程中，如果谈判人员问一些关于对方所说内容的开放性问题，可以刺激对方继续滔滔不绝地讲下去，从而获得更多的有益信息。比如：“关于这个问题，你可以再多说一点吗？”“我不明白你刚才所说的话，你可以解释得简单一点吗？”“关于发生在你身上的事情，你可以说得再详细一点吗？”这样，谈判人员就可以更好地了解对方的感受以及想法，解决问题也就更好入手了。

但是，在进行提问的时候，谈判人员一定要尽量避免出现像“为什么”这样比较生硬的问句，因为这会给对方一种接受审讯的感觉，不仅会引起对方内心的反感，还可能会使其拒绝回答问题，这样就会使整个谈判陷入僵局。

6. 不要抢话

在倾听的过程中，抢话似乎和提问有着相似之处，但是它们所产生的谈判效果却有着天壤之别。在倾听的过程中，向对方提出一些问题是十分必要的，而所提的问题主要是针对对方所表达的某个信息或者意思自己未能理解，从而恳请对方能够给予解释或者重复。而谈判人员对对方所陈述的内容进行提问，也可以让对方感觉到你在认真听他讲话。

但是，抢话会给人一种不礼貌的感觉，往往会给对方留下这样的印象：急于纠正对方的错误或者是想用自己的观点来取代对方的想法。抢话不仅会打乱对方的陈述，而且还会耽误自己的倾听，在很大程度上会破坏谈判中的良好气氛。

7. 客观公正地倾听

在谈判过程中，如果出现对谈判对手存在偏见的情况，在倾听对方陈述的过程中，就要尽量保持客观公正的心态，因为你对对方的偏见会极大地干扰你，带着偏见去听对方讲话，往往无法从中获取对自己有益的信息，继而影响整个谈判的效果和最终结果。

其实，在心理咨询的过程中，心理咨询师在倾听来访者的叙述时，也要尽量做到抛开自己的感情和价值观的影响，尽量站在客观的中立角度。比如，如果一名心理咨询师从小就深受家暴的伤害——心理咨询师的父亲总是无缘无故地殴打他和他的母亲。那么，在面对来访者关于家暴的婚姻问题的时候，心理咨询师就可能会因为自己的偏见而给予来访者错误的引导，把原来存在的心理问题进一步扩大。

尤其是在进行危机谈判的过程中，不带偏见地努力倾听对方的陈述就显得更为重要。例如，罗伯特·K. 雷斯勒，这名工作了 20 年的特别侦查官就强调，在面对犯罪嫌疑人进行倾听的时候，要尽量抛开自己对犯罪嫌疑人的偏见。比如，某个杀人犯在谈论起自己如何残忍地肢解了一个孩子的尸体的时候，无论谈判人员对于这个杀人犯眉飞色舞的叙述如何厌恶，谈判人员都要收起自己的厌恶，客观冷静地进行倾听，这样才能从对方的叙述中寻找到更多的有力证据。

创造吉尼斯纪录的乔·吉拉德

假如你接到了这样一项任务，让你在一家超市中推销一瓶饮料，时间是一天，你能做到吗？大多数人的答案是肯定的，这似乎是一件毫无困难的事情。如果让你在今后的一个月内坚持每天都推销出一瓶饮料的话，大多数人的答案依然是肯定的，因为这并不是一件非常困难的事情。那如果你接到的任务是一天销售出去一辆汽车，你还可以做到吗？大多数人这时估计都要打退堂鼓了，不过可能也有人会说，这就不一定了。

如果任务变成连续多年每天都推销出一辆汽车呢？大多数人的回答一般都是"这绝对不可能！怎么会有如此神奇的事情发生？"但是，在现实生活中确实有人创造了这样的奇迹，而这个奇迹的创造者就是号称"世界上最伟大的推销员"的乔·吉拉德先生。

乔·吉拉德先生在他从事汽车销售的 15 年职业生涯中，一共推销出了 32850 辆汽车，平均每天销售出 6 辆汽车。不仅如此，乔·吉拉德先生还是一对一针对个人进行销售的。乔·吉拉德先生因此创造了关于汽车销售的吉尼斯世界纪录。

乔·吉拉德1928年出生在美国的一个贫民家庭，高中未毕业就已经走向社会，独立谋生。后来由于遭遇破产，乔·吉拉德负债累累，在无奈之下只好走进了一家汽车销售中心，开始了他传奇般的销售生涯。在乔·吉拉德创造了世界上最高的汽车销售纪录以后，人们都跑来向他取经，希望可以从他那里学到更多的经验。

乔·吉拉德对人们说，在他进行汽车销售的过程中，最主要的就是用两只耳朵听，而不是光用嘴巴说，当你说得越少而听得越多的时候，你就可以获得更多关于对方的信息，你就可以说一些对于你的汽车销售更管用的话。

乔·吉拉德最著名的销售忠告就是："不要过分地向顾客展示你的才华。成功销售的一个秘诀就是80%使用耳朵，20%使用嘴巴。"而有关调查研究显示，在日常生活中，人们在彼此进行交流的时候，各种沟通方式所占的百分比如下：听，53%；读，17%；说，16%；写，14%。由此可见，在人际交往的沟通中，"听"具有不可替代的重要地位和意义。

所以，一个优秀的谈判人员，在进行谈判的过程中，一定要注意倾听对方的叙述。必要的时候，要做到多听少讲，这或许就是造物主赐予我们两只耳朵和一张嘴巴的原因吧！而且，在谈判的过程中，适当地使用积极倾听的技术，有助于谈判人员与对方产生共鸣，从而促进良好谈判关系的确立。

延伸阅读：倾听的障碍

在进行倾听的过程中，谈判人员一定要防止出现以下几种情况：

（1）急于记住对方所叙述的所有细节，而忽略了重要的内容；

（2）当听到自己不乐意听的话时，就强硬地拒绝继续听下去；

（3）容易被外界事物所干扰，无法认真地倾听；

（4）听对方讲话的时候，自己分心思考其他无关的事情；

（5）有意避免听取自己认为难以理解的话题；

（6）心中有先入为主的观念存在；

（7）不注意去听；

（8）随意打断对方的讲话。

提问讲技巧

谈判的本质实际上就是人与人之间进行的一场对话，在对话的过程中，谈判人员需要向对方陈述自己的观点，然后倾听对方所提出来的方案和一些建议。双方就此开始进行一系列的周旋，最后会达成某种协议。而在谈判的过程中，掌握了关于谈判的实用技巧，就能够把握谈判的主动权，继而就可以获得令自己满意的谈判结果。其中，提问的技巧是必不可少的。通常情况下的提问，不仅可以使我们获得以前没有掌握的信息，而且还能够起到证实我们以往判断的作用。

在谈判的时候，进行有效的提问往往可以起到以下几种作用：

（1）可以引起对方的注意，为对方的思考提供一定的方向。比如："请你原谅，准许我……"

（2）在谈判的过程中，如果觉得对方的叙述没有提供给自己想要的信息，就可以通过提问的方式，收集自己不了解的情报和新资料。比如："你能够告诉我关于这件事情的更多细节吗？"

（3）暗示和引导对方的思维活动，进而达到自己的目的。

相传，袁世凯在临死前传令，把徐世昌、段祺瑞、王士珍、张镇芳四人叫到他的府邸进行临终前的嘱托。当袁世凯交代完后事之后，徐世昌问袁大总统关于继任者的问题。这个时候的袁世凯已经奄奄一息，他睁着暗淡无神的眼睛，有气无力地说了两个字："约法。"

但约法有新旧之别。在旧约法中，规定当总统不能行使职权的时候，就由副总统继任总统的职位。但是此约法早已被袁世凯下令废止，而当时的反对势力——护国军要恢复的就是这个约法。新约法是由袁世凯自己制定出来的，其中规定由现任总统提名三人，写在嘉禾金简上，藏于金匮石屋中，待总统死后再取出，从中选定一个人做总统。那么，袁大总统所讲的这个"约法"到底是指哪个约法呢？

当徐世昌正要追问的时候，守在袁世凯病床前的大儿子袁克定急忙抓住时机问了一句："金匮石屋？"这个时候的袁世凯已经不能再说话了，在场的所有人也就以为袁世凯默认了袁克定的理解。

袁克定并没有依照常规，等待袁世凯亲自说出口，而是采用了提问式的引导和暗示，把在场所有人的思维都引到了"金匮石屋"上，很好地控制了对方，使自己处于主动的位置。

（4）可以通过提问的方式向对方表达自己的感受。比如："当我接受你所提出的建议时，我会有什么样的好处？"在你所提的问题中，你已把自己听到对方建议后的感受传达给了对方，那就是你对于对方所提出来的建议并不满意。

不过，在运用提问的方式表达自己感受的时候，应该注意不要让你所表现出来的感受和个人情感色彩太过浓厚，因为这样会给对方造成一些不必要的焦虑和不安。

（5）在谈判快要结束的时候，可以采用提问的方式来作为这次谈判的结束语。比如："接下来，我们就可以采取实际行动了吧？"

也可以运用提问的方式来归纳总结对方的叙述。比如："你所说的确实是真的，对吗？"

提问时的注意事项

在谈判过程中，运用提问技巧的时候，应该注意以下几方面的问题：

1. 提问时的语速适中

如果在提问的时候语速过快的话，就会给对方一种非常不好的感觉：你感到很厌烦，并且你是在审讯我。这样很容易引起对方的厌烦情绪。相反，如果提问的语速太慢的话，不仅会降低你所提问题的分量，还会让对方产生不耐烦的感觉。所以，在进行提问的时候，一定要把自己的语速控制在适中的状态，让对方听清、听懂和理解你想要表达的意思。

2. 多注意观察对方的情绪

在进行谈判的过程中，尽管双方都在努力保持着自己的理智，以为自己争取更大的利益。但是，谈判人员的情绪波动依然会极大地影响到谈判的结果。

所以，在谈判中进行提问的时候，一定要多注意观察对方的情绪，然后选择自己认为合适的时机进行提问。比如，如果对方的心情非常愉悦，对于你提出的问题就会很容易透露出更多的信息，而且也比较容易接受你的建议。

3. 提问完后，要给予对方充足的时间进行思考和回答

在谈判过程中，谈判人员在提完问题后，急于让对方回答，不仅不会得到让自己满意的答复，还会给对方一种咄咄逼人的压迫感。而且，在提问完后给予对方充裕的时间进行回答，还可以留给自己一个缓冲的时间，进行一些必要的思考。

把握提问的时机

谈判过程中提问时机的把握是非常重要的，它完全可以决定你提问的效果。

1. 在对方陈述完毕后再进行提问

如果你对对方所陈述的内容有质疑或者不解，一定要耐心地等对方陈述完毕后再进行提问。因为打断对方的叙述是一种很不礼貌的行为，而且会让对方觉得很恼火，从心底对你产生反感。同时，没有听完对方的叙述就贸然提出问题，会使你的问题很片面，甚至会出现曲解和误会对方所说的话的现象。

如果担心自己的问题会在对方叙述完毕后遗忘，可以拿起纸笔进行简单的记录来提醒自己。

2. 抓住对方叙述中的短暂停顿和间歇的时机

如果对方的陈述真的让你感觉到必须进行提问，你可以选择对方叙述过程中停顿和间歇的时机进行提问。这样不仅会显得自己很有礼貌和修养，还可以使自己掌握一定的主动权。

答复有绝招

实话不一定要实说

在谈判的过程中，不可避免地会遇到对方提出问题，己方进行回答的情况。这就需要谈判人员掌握一些必要的答复技巧，以达到更好的谈判效果。但是，谈判过程中的答复并不是一件十分容易的事情，这不仅需要谈判人员在谈判进行前做好充分的准备工作，在很大程度上，还需要谈判人员具备灵活应变的能力。

在1935年巴黎大学的博士论文答辩会上，法国的主考官在例行了正常的考试程序之后，突然向我国的年轻博士陆侃如提出了这样一个奇怪的问题："在《孔雀东南飞》这首诗里面，为什么不说是'孔雀西北飞'？"陆侃如很快就反应过来："西北有高楼。"

法国主考官的这个问题不仅出人意料，而且还非常刁钻，可以说很难回答。不难想象，陆侃如在论文答辩之前并没有做过这样的准备，但是陆侃如的灵活应变能力很好，巧妙地处理了这个难题。

试想，如果陆侃如按照常规进行回答的话，无论答案如何，都会遭到主考官的刁难。所以，陆侃如只好独辟蹊径，来个出人意料的回答。而且，陆侃如的这个回答是有根据的，在《古诗十九首》中就有这样一首《西北有高楼》——“西北有高楼，上与浮云齐”。陆侃如的这个怪僻答案，可以说是天衣无缝、恰到好处。

而且，谈判人员在回答对方所提出的问题时，所说的每一句话都要进行反复的斟酌与思考。因为谈判人员的每一句话都很有可能被对方理所当然地认为是一种承诺。所以谈判人员要为自己答复的每句话承担责任。

答复和之前所提到的叙述，在某种程度上有着一定的相似性，所以，叙述的一些技巧也是适用于进行答复的。但是，由于谈判过程中的答复在很大程度上会受到对方所提问题的制约，所以在进行答复的时候，谈判人员需要注意，答复要比叙述更有限制性，也就是说答复要和对方所提的问题联系起来，尽量不要答非所问。

一般情况下，在谈判过程中，应当针对对方所提问题进行实事求是的正面回答。但是，这也要根据情况而定。因为谈判过程中的提问，通常是对方经过深思熟虑以及仔细的思考之后才提出来的，就是为了通过提问的方式来达到自己潜在的目的。这些问题当中有时埋设了设计好的圈套和阴谋，如果所有的问题都进行实事求是的正面回答，并不一定会获得较好的谈判效果。

实话不一定要实说，必要的时候可以虚说。比如，在进行商业谈判的过程中，如果对方的问题是：“这种新产品的价格与老产品的价格差多少？”谈判人员就应该从对方的问题中觉察到对方的态度，那就是对方希望根据新老产品价格的对比进行价格方面的周旋，或者是因为价格的原因有选用老产品的动机。

面对这样的问题时，如果谈判人员老老实实地据实回答，并不一定会达到自己推销新产品的目的。这个时候，谈判人员就可以采取“答非所问”的策略。比如：“我相信产品的价格会令你们满意的。但是，在此之前请允许我把这个新产品所具有的新功能简单地说明一下……”这样就可以把对方的注意力和思维引导到新产品的优势上。而这种“答非所问”的策略，很有可能改变对方最后的决定。

十个应答妙招

在谈判过程中，要做到巧妙回答虽然比较困难，但并不表示这是不可能做到的。这需要我们掌握一些答复方面的技巧。当然，仅仅掌握这些技巧，在谈判的时候还会显得有些势单力薄，如果能够在谈判之前做好充分的准备，预先写下对方可能会提到的问题，这样就会更加万无一失了。所以，在谈判之前，谈判人员可以自己预先假设一些比较难的问题来进行思考，思考得越周密，到谈判的时候，回答的效果也就会越好。

（1）在回答问题之前，切忌过于急躁，要给自己充足的思考时间，然后再进行回答。这样在回答问题的时候就不会显得太过冒失，以避免出现不必要的失误。

（2）在回答问题之前，一定要把握好对方的动机和目的。在进行谈判的时候，对方所提的问题很可能就是为你准备好的陷阱，等到你冒失地说出一个答案之后，就抓住不放，进而为自己争取更多、更大的利益。当然，在明白对方的动机之后，你也可以将计就计地巧设圈套。

有一个屠夫，有一次怒气冲冲地跑到一名律师的家里问律师：“请问律师先生，一条狗吃了我 20 元钱的肉，那么，那条狗的主人应该怎样赔偿我呢？”律师感到很惊奇，屠夫怎么会无缘无故地问自己这个问题。这时，律师才猛然间想到自己就养了一条狗。律师大致猜到屠夫是在向自己索要这20元钱。

不过，这名律师并没有拆穿屠夫，而是决定将计就计："哦，这样的话，那条狗的主人就应该赔偿你20元钱。"

屠夫一听，心中大喜，觉得鱼上钩了："那么，您的狗就吃了我20元钱的肉，您应该赔偿我20元钱。"

律师只是淡淡地说："我的法律咨询费用是每次最少25元钱。这么说来，你应该还欠我5元钱。"屠夫哑口无言了。

（3）部分回答。在谈判中，有时候回答对方所提出的问题时，选择只回答问题中的某一部分，往往也能获得很好的效果。

比如，在谈判过程中，如果对方的问题是："你们公司推出的新产品的价格为什么会比老产品高出那么多？"这个时候，如果谈判人员进行全面的回答（把新产品和老产品的价格和功能以及构成一一进行对比，然后再说出新产品的优势在哪里），不仅会使整个回答显得很烦琐，还给了顾客选择老产品的机会。

所以，谈判人员在回答这类问题的时候，不妨选择问题的某一部分进行回答："新产品的价格是比老产品高了点。但是，新产品的关键部位选用了进口的优质零件，大大延长了产品的使用寿命……"这样只针对新产品的优异性能的回答，很容易就会把对方的注意力和思维引导到新产品的优势上，顾客选择新产品的概率就会大大提高。

（4）故意转移话题。当遇到一些不需要回答的问题或者回答后并不会给自己带来更大的利益时，可以采取逃避问题的方式拒绝回答，其中最好的方法就是故意转移话题。

（5）适当的时候，可以采用"答非所问"的方式应对对方所提出的具有刁难意味或者对自己不利的问题。

例如，在美国水门事件的听证会上，有这样一位证人，他在众多的议员面前整整坐了两天的时间，被问了无数的问题，但是他却没有就任何一个问题给出议员们想要的答案和证据。原因就是这位证人完全无法理解议员们所提出的问题。所以，这个证人在回答问题的时候，从头到尾都是答非所问，同时还伴有傻里傻气的天真笑容，一副迷迷糊糊的样子。最后，关于水门事件的听证委员会只好放弃了对这名证人的取证调查。

（6）拖延回答。在谈判过程中，如果想要避免回答某些问题，还可以采用拖延的方式，在这种情况下，谈判人员一般都会以资料不全或者记不清为借口，进行暂时的拖延。比如，对方的问题是："请问贵公司所采用的进口零件是什么材料构成的？"谈判人员可以这样回答："很抱歉，对于您所提及的问题，我没有具体的信息资料可以答复……"

（7）可以采用以问代答的方式。通常情况下，可以使用反问的句式，但是使用陈述的语句也能够产生以问代答的效果。比如："在回答您的问题之前，我想先听听您对这个问题的看法与观点。"这样不仅可以在回答问题之前更好地掌握对方的想法，还可以为自己争取充足的回答时间。

（8）采用沉默的态度来代替回答问题。在谈判过程中，面对对方所提出的某些问题，可以采用沉默的态度来进行应对，也可以取得很好的效果。有时候，恰到好处地使用沉默的态度，发挥的作用可能会比正面回答更大。因为当你表示沉默的时候，可以更好地引起对方的注意，使对方产生一种想要迫切了解你的想法的念头。而且，还会在无形之中给对方制造一种压迫感，迫使对方考虑："我提出的这个问题是不是太过分了？"这样对于缓解剑拔弩张的谈判氛围很有利。

（9）对于自己不知道的问题不要回答。比如，在谈判的过程中，如果对方的问题是："你刚才所说的价格问题可以商量，到底可以降到什么程度？"由于在商业谈判中，谈判人员所代表的是公司，在价格问题上并不能贸然决定，那么谈判人员绝对不能因为要拉拢客户而随口进行降价。谈判人员随口一说，就会被客户看成是一种商业上的承诺。在今后定价格的时候，如果不能给客户一个满意的结果，就会造成不必要的麻烦。所以，谈判人员应该这样回答："在没有谈妥订货数量和回款期之前，恕我不能提前回答您的问题。"

（10）在没有理解对方所提的问题之前，不要贸然回答。因为你极有可能会误解对方的意思。

说服重策略

在谈判的过程中，说服是一个必不可少的环节。因为双方都不可能满足对方所提出的全部条件，进而说服就开始了。在谈判中，双方都试图说服对方以达到自己预期的效果。

但是，说服是一个困难的过程，因为说服对方的过程本质上就是一个让对方接受你的建议和观点的过程。其实，说服的过程也可以说是让对方损失自己的利益而增加你的利益的过程。但是，要注意的是，在谈判的过程中进行说服的时候，一定要端正自己的态度。

也就是说，在谈判的过程中，一定要让对方感觉自己获得了更大的利益，但不能让对方真正地成为大赢家。谈判人员要明白，谈判桌上只有一个傻瓜，那就是自己。如果在谈判的过程中，让对方以为自己是一个傻瓜的话，那么也就意味着这场谈判失败了，没有人愿意主动放弃属于自己的利益，充当一个傻瓜。

披肩毛毯的真实价格

赫伯是个有名的谈判专家，他在一次和妻子去墨西哥城旅游的过程中，被当地的一名小贩成功说服买下了一件披肩毛毯。

有一天，赫伯正和自己的妻子走在马路上，观赏墨西哥城的风土人情。

谁知，赫伯的妻子却被马路对面闪闪发光的商店橱窗所吸引，她向赫伯表示，自己想去那个商业区看一看。赫伯表示了反对：“那肯定是一个坑骗外地旅游者的商业区，如果我们去那里的话，一定会吃亏的。”赫伯的妻子不服地说道：“可是我们需要带一些墨西哥城的纪念品回去啊。不然，就好像我们从来没有来过这里一样。”

赫伯说道：“我们来墨西哥城旅游，并不是为了购买一些价格高昂且不值钱的纪念品。我们来这里是为了领略一种与我们的文化不同的风土人情，欣赏一些我们从来没有见过的事物，好开阔我们的视野；接触尚未被现代商业所侵蚀的更原始的人性，亲身体会一下大自然赋予我们的真实天性。”但是，赫伯并没有说服自己的妻子，再高明的谈判专家在面对自己的妻子时还是很无奈，赫伯只好同意妻子的提议：“好吧，如果你真的愿意去那个商业区溜达的话，你就去吧，我回旅馆等你。”

当赫伯的妻子走后，赫伯就独自一人往旅馆的方向走去。当他穿过熙熙攘攘的人群时，突然看见在不远的地方有一个当地的土著居民，在好奇心的驱使下，赫伯准备走近看看那个人到底在干什么。当赫伯走近一看，发现那个土著居民原来在推销披肩毛毯：“1200 比索。”

赫伯发现那个土著居民居然注意到了自己，为了避免不必要的麻烦，赫伯就加快脚步，打算走开。可是，那个土著居民居然把为数不多的披肩毛毯披在了自己的肩膀上并追上了赫伯。赫伯在无奈之下，只好用当地的语言对那个土著居民说：“兄弟，我很佩服你的这种推销精神。但是，我并不想买你的披肩毛毯，请你到别处卖吧，不要再在我身上白下功夫了。”

这时，那个土著居民居然说了一句：“800 比索。”赫伯只好继续匆忙赶路，那名土著居民依然紧追不舍。到了一个十字路口的时候，一辆横在马路中间的汽车挡住了赫伯的去路，他只好停了下来。那名土著居民追了上来：“600 比索！ 500 比索！好吧，便宜你了，400 比索！”等那辆汽车离开之后，赫伯就继续向前走去，那名土著居民依然穷追不舍：“先生，只要 400 比索！”

赫伯只好停下脚步，回过身怒气冲冲地说道：“我不会买你的披肩毛毯的，别再跟着我了！”谁知那名土著居民说了一句：“好吧，你胜利了。只对你，200 比索！”对于这样的价格赫伯还是吃了一惊：“你说什么？”那名土著居民说道：“200 比索。”

就这样，从来没有想过要买一件披肩毛毯的赫伯居然要求道：“给我拿一件，让我看看货色。”接下来就是双方的讨价还价。

赫伯：“100 比索。”

土著居民：“太少了。180 比索。”

赫伯：“那我就不买了。”

土著居民：“那就给你最低价吧，170 比索。您要知道，在墨西哥城关于披肩毛毯的销售历史上，以最低价格买到一件披肩毛毯的人是一个来自加拿大温尼伯的人，他花了 175 比索。但是他对墨西哥城十分了解，因为他的父母就出生在墨西哥的瓜达拉哈拉。”于是，心动的赫伯以 170 比索的价格买下了土著居民的一件披肩毛毯。

赫伯对于自己所买到的这件披肩毛毯十分满意。回到旅馆后，他就迫不及待地披上了那件披肩毛毯，并且一直在镜子前面欣赏自己的样子。赫伯这时充满了成就感，仿佛披在肩上的不是披肩毛毯，而是凯旋的将军身上的战袍。

等到妻子回到旅馆后，赫伯急急忙忙地向自己的妻子炫耀战利品。赫伯的妻子看到赫伯的披肩毛毯之后随口问了一句：“你买的披肩毛毯多少钱？”赫伯得意地炫耀道：“我今天破了墨西哥城披肩毛毯的最低价格纪录。只有像我这样著名的谈判专家才可以以比最低价格175比索还要低的170比索，买下这件披肩毛毯。”赫伯的妻子不禁笑道：“是吗？我的谈判专家，我在那个商业区只花费了150比索，就买下了一条不错的披肩毛毯。”

在说服的过程中，要注意以下几个问题：

（1）态度一定要显得真诚，这样才有可能打动对方。

（2）当不同意对方的建议和观点的时候，不要直截了当地拒绝对方，尽量用一种委婉的方式。

（3）说服对方不要只拘泥于一种或两种的说服技巧，而要灵活运用，必要的时候，可以采用多种技巧的组合来进行说服工作。

（4）要设身处地地站在对方的角度进行说服，要向对方表示你很理解他的想法，这样对方才可能接受你的建议。

（5）在提出个人看法的时候，一定要选择适当的时机，不能随心所欲。

在说服他人的时候，第一项任务就是向对方提供有关的信息，进而改变对方对某一事物的价值观，基本上就可以达到说服的目的。

一位台湾地区的专家来到北京之后，发现了一家古玩店，觉得很有意思，因为那家店的灯光非常昏暗，使得整个古玩店看起来颇具神秘色彩。当这名专家走进古玩店的时候，看中了一个唐三彩的盘子，准备和商家进行讨价还价，买下这个唐三彩盘子。

这个时候，与这位专家同行的朋友却觉得这个唐三彩的盘子很可能是仿制的，因为古玩店内的灯光实在太暗了，很容易让人误判。于是，专家的朋友准备说服他，让他不要买这个盘子。

专家的朋友对他说：“像唐三彩这样的古物，在古玩市场上很难找到。

北京许多古玩店内的唐三彩制品基本上都是仿制品。即使是真的，唐三彩制品在唐代也是被用来陪葬的，很不吉利。”专家听了朋友的一番劝说之后，马上就决定不再购买这个唐三彩的盘子了。

这样说服才有效

（1）在谈判过程中，如果遇到了双方有分歧的问题，应该先与对方讨论最容易解决的问题，进而说服对方，在困难的问题上达成一致。因为这样不仅比较容易说服对方，而且还可以增强自己的自信心，也可以让对方在不知不觉之中放弃自己的利益诉求。

（2）听取对方的意见之后，再进行说服。这样不仅显得尊重对方，而且可以清楚地知道对方与自己的意见不同之处到底在哪里，使接下来的说服变得更有针对性。

（3）在谈判的过程中，对于自己的观点和所要表达的信息进行多次的重复，可以促进对方对于这些观点和信息的理解和接纳。

（4）沉默也是一种说服。一般人都认为，既然是说服，那就要凭借好的口才，其实有时候，偶尔适当地使用沉默的方法也能够取得很好的说服效果。因为适当的沉默可以极大地引起对方对你的注意，继而产生迫切了解你的念头。

日本一家著名的电机制造厂召开了一次管理层会议，整场会议围绕“人才培养”的问题展开。会议一开始的时候，山崎董事就发表了自己的意见：“我们公司关于人才培养的机构根本就没有发挥它该有的作用。所以，我建议我们公司成立一个关于员工培训的专门机构。”

但是，公司的社长却表示了反对：“山崎董事所说的问题确实存在，但是我认为我们公司之前所设立的关于员工培训的机构已经起到了一定的作用，所以，我认为公司没必要花费时间和金钱来构建一个新的员工培训机构。”接下来，两人就公司是否需要构建一个新的员工培训机构的问题发生了争论，最后谁也没有说服对方，这次会议就这样不欢而散了。

在一个月之后，公司又重新召开了关于人才培训的会议。会议一开始，社长就率先做了发言：“首先，我要向山崎董事道歉，因为在上次会议中他所提出的问题在我们公司确实存在。这个月，我对公司人才培训机构的成效进行了一个抽样调查，结果发现我们公司的人才培训机构确实没有发挥它应该发挥的作用。今天的会议我们要讨论的主题就是‘应该如何改善公司的人才培训方法’，接下来就请大家畅所欲言吧。”

社长的话一结束，大家就展开了积极的发言。但是，出人意料的是，在整个会议讨论过程中，山崎董事显得很沉默，一言不发，安静地坐在自己的位置上，耐心倾听他人的发言，直到会议结束的时候，他也没有说一句话。

私下里，社长不禁好奇地问山崎董事：“关于人才培训机构改善的事情，在上次会议上你不是强烈要求吗？为什么在今天的会议上，你却一句话也没有说？”山崎董事说：“确实如此。在上次会议中，我该说的话都已经说过了。而我的目的就是引起社长对于这个问题的注意，我的目的已经达到了。所以，在今天的会议上，我倒不如好好听听大家的意见。”

社长说：“是吗？在此之前，我的确反对过你关于改善人才培训机构的建议，你却连一句辩解的话都没有说。在今天的会议上，大家所提的关于这个问题的建议都很空洞，太理想化，并没有太大的实际意义。但是，反倒是你的沉默态度不仅引起了我的注意，而且还让我感觉到了这个问题所带来的压力。那么，关于公司人才培训机构的改善问题就交给你去处理好了。请好好努力吧！”

山崎董事：“谢谢您的信任，我一定会努力把这件事情做好。”

从山崎董事的经历中，我们可以看出，沉默也不失为一种有力的说服方式。所以，在谈判的过程中，我们可以在适当的时机利用沉默的态度进行无言的说服。有时候，沉默所发挥的说服作用和取得的效果可能比开口说话更大。

（5）采用拖延战术达到说服的目的。

在1986年，日本的一个客户在与我国东北某省的一家外贸公司进行皮毛生意谈判的时候，就使用了拖延战术。日本客户在谈判的过程中，明明向这家贸易公司的谈判代表说过，因为该贸易公司的皮毛质量优良而且价格也非常优惠，日本愿意进行大量采购，但是却拖延很长时间没有签合同。

就这样，转眼两个月过去了，俗话说商场如战场，本来在国际上一直很兴旺的皮毛生意，突然之间就货满为患，皮毛出现了供大于求的现象，价格出现了较大幅度的下降。这正是日本客户期待已久的时机，最后，日本客户以很低的价格完成了皮毛的收购交易，而我国的那家贸易公司却在价格上吃了大亏。

日本人在谈生意的时候，不仅对我国的公司使用过这种拖延的手段，以达到既定的谈判目的，就连美国的一些公司也没能“幸免于难”。

据有关材料记载，美国的一家公司派出了一名代表，前往日本进行商业谈判。在日方人员接待这位美国谈判代表的时候，无意间得知这名美国代表在日本的谈判时间只有两个星期。在两个星期之后，必须返回美国。

于是，日本的谈判人员并没有急着开始谈判，而是用了一个多星期的时间陪这名美国谈判代表在日本国内到处旅游，而且每天晚上还安排了宴会。关于这笔生意的谈判终于在12天后开始，尽管如此，每天的谈判也会早早地结束，然后就是带这名美国谈判代表去打高尔夫球。

终于，到了第14天的时候，双方才开始在谈判桌上讨论本次谈判的重点内容。但是这个时候，这名美国谈判代表马上要回国了，也就没有太多的时间与日方谈判人员进行反复的周旋，只好匆匆忙忙地答应了对方的条件，签订了合同。

在这两次谈判的过程中，日本的公司无疑都是最大的获益者，但是日方谈判代表并没有费太多的力气去说服对方接受自己的条件，而是采用了很高明的谈判手段——拖延谈判的时间，从而获得了很好的谈判结果。不过，在使用拖延战术的时候，一定要做好以下的准备工作，不可贸然地对任何人都使用，不然就会起到相反的作用。

充分了解对方的身份背景以及惯用的谈判手段，谈判对手的性格特征以及对方在谈判中的特长，谈判对手在这次谈判中所要达到的目标，也就是对方的谈判目的。

像在日本人和美国人之间进行的谈判过程中，日本的谈判代表并没有急于将谈判的具体项目搬到谈判桌上，而是首先带着谈判对手到处游玩和参加各种聚会。这样不仅可以拖延对方有限的时间，还能够起到软化对方心理防线的作用。

当然，这也是根据不同人的不同性格而定的，如果这名美国人是一个严于律己的人，认为工作完成以前不能进行娱乐性的活动，那么在日本的谈判人员第一次邀请他出去游玩的时候，他就应该拒绝。但是，这名美国人接受了日本人的邀请，而这正是日方谈判人员迈出的成功的第一步。

直到最后一天的时候，日本人才提出了本次谈判的重点。在这个时候，我们就可以看到日本人采用拖延战术的效果了。日方的谈判人员就是紧紧抓住了美国人急于回国的心理，这样美国人在谈判的过程中也就没有太多的时间与日方谈判人员继续周旋下去。从另一方面讲，美国人在得到了日方谈判人员这么多天的盛情款待之后，也不好意思再拒绝日方的要求。

其实，日方之所以在这名美国人身上把拖延的战术使用得这么精彩，最主要的还是由于这个美国人是一个公私不分或者假公济私的人，这才让日方的谈判代表有机可乘，而美国人的公事也就成了他私事的牺牲品。

同时，在谈判中使用拖延战术的时候，也要注意了解市场上的行情，做到客观全面看待自己的谈判对手，时刻关注对方的一举一动，并且及时地做出反应。

学会拒绝

每个人都希望得到他人的喜欢，获得别人的赞赏。但是，事实证明：一个强烈渴望被别人喜欢的人是不可能成为一个优秀的谈判人员的。

曾经就任美国国务卿的万斯在与安德烈·葛罗米柯（苏联最高苏维埃主席团主席、外交家）进行谈判的时候，就领教过安德烈·葛罗米柯的拒绝战术。在 1979 年的时候，万斯出于好奇，在一次与安德烈·葛罗米柯进行谈判的过程中，默默记录了安德烈·葛罗米柯在这次谈判中说“不”的次数，结果显示：居然高达 12 次之多。

平心而论，安德烈·葛罗米柯之所以先后与美国的 9 位总统进行谈判而未曾有失败的记录，在很大程度上就取决于他的这种拒绝战术。

在谈判的过程中，总是会遇到无法接受对方的要求和建议的时候，而这个时候就要学会拒绝对方。但是，拒绝对方是要掌握一定的技巧的，如果采用直截了当的生硬态度去拒绝对方，那就有可能立即造成矛盾尖锐的敌对气氛，对整个谈判的结果产生消极的影响。

所以，在掌握了一定的拒绝技巧之后，在拒绝对方之前，心中一定要明确这样一个原则：既要明确地向对方表达自己的拒绝态度，又要取得对方能够理解和接受的效果，尽量避免让你的拒绝给对方带来不必要的心理上的伤害，争取为以后的合作打下基础。

冷却的咖啡

谈判专家在进行危机谈判的过程中，在取得了绑架者的信任之后，接下来就要执行“讨价还价”的互惠原则。

对于这项互惠原则，谈判专家是这样解释的：“如果你（绑架者）跟我合作并这样做，我就会跟你合作并那样做。”简单来说，其实就是在满足绑架者的一些需求之后，比如，为绑架者准备食物或者有助于逃跑的工具，等等，谈判专家就可以要求对方释放人质或者确保人质的人身安全。

但是，谈判专家也这样提醒我们：“如果绑架者不给予回报，那就拒绝他的要求。”由此看来，即使在危机谈判的过程中，也不可能没有拒绝，那么要采用什么样的方法去拒绝绑架者呢?

在美国曾经发生过这样一起人质劫持案件。当时，一名美国青年挟持了一名人质，威胁警方给他准备一架飞机，并要求飞往古巴。探员们和当地的警察很快就包围了这名青年和他手中的人质。于是，谈判专家就开始和这名年轻的绑架者进行谈判。

在谈判的过程中，谈判专家和当地的警方为了稳定该绑架者激动的情绪，就给他准备了一架飞机，但是要求他不要马上飞往古巴，因为谈判专家要和他谈谈。绑架者同意了这个要求。接下来，那名绑架者就登上了飞机。

在随后的谈判过程中，绑架者突然向谈判专家强硬地提出要求：“马上给我准备一杯加奶油和两块糖的热咖啡！”

谈判专家：“要把热咖啡端上飞机恐怕是一件很困难的事情。”（这算是一种拒绝）

绑架者穷凶极恶地威胁道："快点！不然我就把人质给杀死！"

谈判专家："先生，把热咖啡端上飞机的确是一件很困难的事情，但是我们会尽力而为的。"

很长时间之后，一杯咖啡被端上了飞机，但是这并不是符合绑架者要求的咖啡。被端上飞机的咖啡其实是谈判专家特意设计的，那杯咖啡不仅没有奶油，也没有糖，而且冰凉。这算是谈判专家对于绑架者所提要求的一种无言的拒绝。

冷却的咖啡被端上飞机后不久，这名年轻人就主动投降了。在被监禁期间，审讯人员禁不住好奇地问他："到底是什么样的因素导致了你主动投降？"这名年轻人回答道："如果我连一杯像样的热咖啡都得不到的话，那我还有什么能力飞往古巴？"

拒绝是一门艺术

著名作家钱钟书先生在拒绝他人要求的时候，就很幽默和艺术。有一次，一位看了钱钟书所发表的著作的英国女士慕名来到中国，希望能见钱钟书一面。而钱钟书是这样拒绝她的："假如吃了鸡蛋之后感觉不错，那么何必还要认识这下蛋的母鸡呢？"

由于谈判的过程是一个双方利益冲突和博弈的过程，所以在进行谈判之前，谈判人员一定要有拒绝对方要求的心理准备，此外还需要掌握一定的拒绝技巧，这就是拒绝的艺术。

1. 采用问问题的方式来拒绝对方

在中日关于农业加工机械的贸易谈判过程中，由于日本谈判代表所提出的价格实在太高，中国的谈判代表就采用问问题的方式进行了委婉的拒绝。

中国谈判代表："不知贵国生产此类产品的公司一共有几家？不知贵公司的产品价格高于其他公司的依据是什么？"（言外之意就是说，生产此类产品的公司在日本有很多家，如果你们所提出的价格太高的话，我们可以选择其他的合作公司。）

2. 采用找借口的方式拖延下去

在一个时期内，由于国内市场上的钢材供应十分紧张，所以一家专门营销大批量钢材的公司生意非常兴隆。有一天，这家公司经理的好朋友来找他并告诉他，他急需 10 吨钢材，希望这位经理能看在两人的情分上给一个更优惠的价格，要求比市场上的批发价还要低 10%。

由于现在的市场对于钢材是供不应求的状态，能够为这位朋友提供市场的批发价已属为难，更别说还要降到市场价格的 90%。但是，由于该公司的经理与这位好朋友过去的关系十分亲密，该经理也不好直接拒绝那个好朋友的要求，就只好找了一些类似于库存不足的借口拖延下去，希望通过这样的方式能让朋友明白：他所提的要求实在太离谱。

3. 提出一些对方无法满足的条件拒绝对方的要求

日本某家著名医院的院长在建立医院之初，还是一名刚从大学毕业的一贫如洗的学生。有一天他决定去银行贷款，希望创办一家医院。但是，显然他并不符合贷款的要求，不过银行的工作人员并没有直接而生硬地拒绝他。

银行的工作人员是这样拒绝他的："如果你能从你的亲戚朋友那里获得一些不动产或者有价证券作为贷款的担保，或者有一家著名的大公司为你做担保的话，我们一定会批准你的贷款申请的。"从银行工作人员所提的这些条件中，他已经感觉到了银行工作人员拒绝的意味。作为一名刚刚走出校门的穷学生，银行的这种做法却在很大程度上保护了他的自尊心。

4. 让对方认识到自己所提出的条件不合理

当年，埃及和以色列因为领土的原因矛盾冲突不断，各方都做了出面调停的工作，一位美国的律师获准同埃及的总统纳赛尔讨论解决埃及和以色列冲突的问题。

律师首先问纳赛尔："你希望梅厄夫人（当时的以色列总理）采取什么样的行动来解决埃以冲突？"

纳赛尔用坚定的语气毫不犹豫地说道："撤退！从阿拉伯人的领土上完全撤退！"

律师惊讶地说道："没有交换条件吗？那对方从你这里什么也没有得到！"

纳赛尔直截了当地说道："什么也没有，这是我们的领土，以色列应该无条件地完全撤退！"

律师问道："那如果梅厄夫人真的如您所愿，明天早晨就在广播和电视上宣布'我代表以色列人民宣告：我国将从自 1967 年以来所获得的领土，包括西奈半岛、加沙走廊、西海岸、耶路撒冷以及戈兰高地上完全撤退。但是埃及并没有做出任何的让步'，那会出现什么样的情况呢？"

纳赛尔听到律师的话后不禁哈哈大笑起来：“啊，如果这样的话，那么梅厄夫人在国内就要遇到麻烦了，她一定会遭到以色列人民的强烈反对！”

从这次的谈判中，美国律师让纳赛尔明白了自己对以色列所提出的条件是不切实际的，也是不公平的。在意识到这一点之后，纳赛尔就修正了自己的无理要求，从而就有了以后的中东停战协议。

5. 在拒绝对方的时候还可以采取幽默的方法

丘吉尔在进行一次公开场合的演讲的时候，从台下递上来一张纸条，上面写着“笨蛋”两个字。丘吉尔看过那张纸条之后，台下就有人起哄，要求他把那张纸条上写的东西读出来。

丘吉尔知道这个人很可能就是送纸条的人，而且很想看他在演讲台上出丑，就这样拒绝道：“刚刚我收到一封信，但是这个写信的人实在太匆忙，只署上了自己的名字，忘了写内容。”

那个人听到丘吉尔的话后，也就没有再继续纠缠下去。

第四章

麻痹你的对手
——突破心理防线

突破对方的心理防线，你才能如愿达成自己的谈判目标。那么，怎样才能让谈判对手放松紧绷的神经，消除戒备心理呢？谈判专家告诉你：时间、天气都可能影响谈判的进程；舒适的谈判环境和融洽的谈判气氛无疑是合作的润滑剂；把餐桌变成谈判桌，无疑会事半功倍。

虽然在谈判的过程中，谈判人员都会保持高度的警惕和理智，但是在一些特定的环境下，人们还是会无意识地放松自己的警惕性，而这个时候就是人们最容易吐露真言的时候。

所以，在谈判的过程中，谈判人员一定要尽量制造或者选择一些特定的情境，让对手处于理智的薄弱状态，这个时候，谈判人员就可以根据对方所吐露的真言，从中获得对自己有益的信息，进而达到自己想要的谈判效果。

但是，谈判人员自己也需要注意，在这样的情形下，自己也很容易放松警惕。所以，在让对方放松戒备的同时，一定要明确自己的目的，是为了从对方的嘴中套取真话，千万不要让自己也深陷其中，否则只会适得其反。

谈判离不开请客吃饭

食物与思考

美国联邦调查局曾经做过这样一个实验，首先请学员们从大街上随意找两个人，然后把这两个人任意安排在两个不同的房间，其中一个人所在房间的桌子上堆满了食物，而另一个房间空荡荡的，什么也没有。接下来，就让同一个学员去和这两个人进行谈判，其中谈判的内容和理由都是相同的。

反复几次的实验表明，在摆满食物的那个房间里，有 56% 的人愿意和学员合作；而在那个空空荡荡的房间内，只有 20% 的人愿意和学员合作。通过这个实验我们可以明确地知道，在谈判过程中，食物往往可以起到意想不到的巨大作用。

一名主管看到自己的员工杰克在最近的工作中经常走神，而且工作的态度也没有以前那么积极了。可是，如果直接去问他原因的话不仅显得很不礼貌，而且杰克可能很难接受主管所给的建议。

于是，这名主管就在一天中午吃饭的时间，特意到杰克的面前说："该吃饭了，一起去吃个饭、聊聊天，怎么样？"杰克欣然接受了主管的建议。于是，这名主管在与杰克吃饭的过程中，对杰克这段时间总是走神的原因有了一个清楚的了解，而且主管对杰克所提出的意见，杰克也欣然接受了。在以后的工作中，杰克低落的情绪果然有了极大的改观。

在吃饭的时候，我们经常会看到平时显得比较拘谨的人变得欢快和活跃起来。这是因为人们在酒足饭饱之后，警惕性就会下降很多，很少会对别人产生敌意，而且话也会变得比平时多了。所以，选择在餐桌上进行谈判，不管谈判人员向对方提出的要求多么难以接受，餐桌环境在客观上都会起到抑制对方发表反对意见的作用。

而且，谈判人员在向对方提出一个要求的时候，可以采取一个小窍门，那就是尽量选择在对方把食物放在嘴里的时候说出你的要求，一般都会取得较好的效果。

有关专家也建议在人们刚吃饱饭后尽量不要学习，因为刚吃饱饭后，大脑的思考活动通常都会变得比较迟钝，因为这时大部分的血液都会流到肠胃里面，帮助肠胃进行消化，而脑部就会相对缺血。并且，在我们刚吃饱饭后也会产生想睡觉的感觉，这同样是因为食物抑制大脑进行活动的原因。

在与谈判对手一起进餐的时候，可以把两个人的心理距离拉近，能够有效地促进彼此之间的友好关系和亲密程度。所以，在谈判的时候，适当选择在餐桌上解决问题，对方更容易说出真心话。

谈判和餐桌

威廉在与客户谈判的时候，起了一个不小的争执，双方为了各自的利益展开了一场唇枪舌剑的争论。但是，为了缓解激烈争论后的口干舌燥之感，在威廉的建议下双方决定去喝个下午茶，之后再继续谈判。这样一来，威廉和客户的心里都觉得终于可以休息一下了。

但是，让客户意外的是，威廉在准备茶水的时候，居然还准备了一些茶点。于是，威廉就和客户边吃东西边聊天。这个下午茶，双方都觉得很轻松和愉快。不过，最重要的是客户通过这个轻松的下午茶时间，改变了对威廉的看法。客户发现：原来威廉并不是一个不通人情的谈判对象，在谈判中最初存在的疑虑也就随之消失了。在接下来的谈判中，没有了之前那种紧张的气氛，整个谈判都变得顺利多了。

心理学家通过调查发现，谈判在应酬的环境中进行的时候，成功的概率往往会提高很多。于是，心理学家就根据这个调查结果设计了一个实验。

在实验中，心理学家要求被测试者将自己对某件事情的看法写下来，然后让这些被测试者阅读一些与他们的观点相反的文章，并告诉他们这些文章是很权威的专家所写的。

接下来，把这些被测试者随机打乱，并分成人数相同的两个小组。其中一组给他们提供一些美味的甜点和饮料，而另一组却什么也不提供。研究人员通过统计测试的结果得出结论，提供美味甜点和饮料的那一组有 96% 的被测试者改变了自己的观点，开始接受那些权威提出的观点；但是，另一组什么也没有提供的被测试者观点几乎没有发生任何改变，依然固执地坚持自己原先的观点，尽管实验人员告诉他们那些文章是权威专家撰写的。

通过这个实验，心理专家得出这样一个结论，当人们一边享用美食，一边进行思考的时候，往往很容易受到他人观点的左右。而我们在用餐的时候也更有耐心倾听他人的意见，并且会很容易被对方说服，从而接受对方所提出的建议。

有的人认为，在商务谈判中的应酬不过是人们借着办公事的名头去吃吃喝喝罢了，实际上根本就是不务正业。其实，事实恰恰相反，当把谈判搬上餐桌之后，业务往往会很容易谈成。所以，当一个人去谈业务的时候，对方一般都会给这个人准备一杯咖啡，到了吃饭的时间，还会去餐厅边吃边谈。这并不仅仅是出于一种礼貌，更重要的是这样更容易把生意谈成。

而且，心理学家认为，在共同进餐的环境中，对方会比在其他环境下更容易接受你的要求。饮食对人际交往有着积极的影响。所以，在进行谈判的时候，一些必要的应酬并不只是简单的吃喝玩乐，而是进行商务谈判时必不可少的重要交流方式。

其实，在日常生活中，人们的这个心理特点经常会被商家们加以利用。比如，我们在逛超市的时候，经常会遇到这样的情况，超市里的推销员给顾客准备了免费品尝的食物，在顾客对食物进行品尝的时候，那些推销员就会在旁边趁机进行推销。结果显示，大多数品尝过食品的顾客都会买下推销的食品。

当人们在参加车展、商品交易会、美术展览的时候，那里的服务机构不仅会为顾客提供良好的解说服务，而且还会免费为顾客提供一些类似于咖啡、果汁、蛋挞、甜点类的美味食品。当然这不仅体现了这里具有人性化的良好服务水平，更重要的是，这些美味的食品能够影响顾客的心理，促使顾客更加容易接受商家的商品，从而让顾客签订采购的合同或者协议，有效地提高销售量。

延伸阅读：不可不知的餐桌礼仪

既然在进行谈判的时候吃饭是必不可少的，那么谈判人员在谈判之前了解一些必要的餐桌礼仪也是非常重要的。不然，很可能会起到相反的作用。

1. 座位的潜规则

在我国参加一些比较正式的饭局的时候，座位的安排是很讲究的。一般情况下，座次的安排遵守“尚左尊东”“面朝大门为尊”的规则。

如果吃饭时所用的是圆形的桌子，那么正对着大门的那个位置就是主客的位置。而主客左右两边的位置，就以距离主客位置的远近来安排，越靠近主客的位置也就越显得尊贵。如果距离相同的话，那么左侧的位置就比右侧的位置要显得尊贵。

如果吃饭的桌子是类似于八仙桌那样的方形的话，就另当别论了。一般来说，如果有正对着大门的位置，那么正对着大门一侧右边的位置为主客。如果没有正对着大门的位置，那面向东的右侧位置为主客的位置。

如果你是这场饭局的主人，在饭局没开始之前，你就应该提前到达现场，然后在靠近门的位置等候客人的到来，并为客人引座。如果你是被邀请者，那就需要听从东道主的安排。

而在商业谈判的饭局中，如果你的老板也会出席这场饭局，那你应该把老板引到主座的位置上，请客户的最高代表坐在主座的左侧位置。当然，如果这次招待的对象领导级别非常高，已经远远超过了你的老板，那就需要把招待对象的位置安排在主座之上。

2. 学会点菜

如果时间允许的话，东道主应该等客人都到齐之后，再将菜单提供给客人浏览传阅，并请他们点菜。当然，东道主这个时候可能会担心这样会超过预算，所以为了控制预算，东道主应该尽量把吃饭的地点选择在适合你预算的档次，而地点的选择还可以暗示客人领会你的预算规模。一般来说，客人在浏览过菜单后，都会让东道主决定最后的主菜。

如果在这样的场合中，你的老板也在场，那你千万不要因为尊重老板，而让老板点菜，或者认为老板的应酬经验丰富，应该让老板点菜。这样的话，会让老板觉得很不体面或者有失面子。当然，老板主动提出自己点菜的要求时除外。

在点菜的时候，还要记得征询一下餐桌上其他人的意见。特别是要问一下

“有没有哪些是不能吃的？”或者“比较喜欢吃什么？”，这样，会让在座的各位宾客都有一种被照顾到的感觉。而且，在东道主点完菜后，还要问一下在座的各位：“我已经点完菜了，不知道合不合各位的口味？要不要再点些其他的什么？”这样会显得很有礼貌。

在点菜的时候，一定要做到心中有数。东道主可以根据以下三个规则进行点菜。

一是看人员的组成。一般情况下，会遵循人均一菜的通用原则。但是如果在座的诸位男士比较多的话，菜肴的数量可以适当地增加一些。

二是要注意菜肴的具体组合。一般来说，一桌菜最好要有荤有素，有冷有热，尽量做到全面。如果在座的男士比较多的话，可以选择较多的荤菜；如果女士比较多的话，可以选择较多的清淡素菜。

三是要看这次谈判的重要程度。如果是平常普通的商务宴请，那么平均每道菜的价格控制在 50 元到 80 元就可以接受。如果这次的聚餐是针对比较关键的谈判或者宴请的对象比较重要，那么在所点的菜肴中，一定要有几道比较有“分量”的菜，如龙虾、鲍鱼等。

当东道主点菜的时候，还应该注意一点，那就是在点菜的过程中不要向饭店的服务人员询问菜肴的价格，或者是出现讨价还价的现象。这样会让你所代表的公司在客户的面前显得十分小气，而且这样的场景也会让客户觉得很尴尬。

如果你是客人的话，在东道主的邀请下进行点菜时，则不应该表现得过于主动，应该把点菜的机会留给东道主。如果实在盛情难却，作为客人的你可以点一个价格不太贵而且大家又不忌口的菜。

3. 用餐礼仪

在参加宴请的时候，吃相也是一个很重要的问题，尤其是在参加商务类宴会的时候。

在一些比较正式的宴请中，中餐在上菜或者进餐之前，服务人员会为在座的诸位送上一条湿毛巾，那是用来擦手的。在上龙虾、鸡、水果的时候，会同时送上一个小小的水盂，其中可能会飘着一些柠檬片或者玫瑰花瓣。这并不是饮料，而是为客人准备的洗手用的器皿。但是在洗手的时候，客人们要注意，只需要将自己双手的手指沾湿，轻轻洗一下就可以了，然后用小毛巾擦干，切忌大幅度的洗手动作。

在用餐的时候，一定要注意礼貌。我们中国人不仅有劝酒的习惯，似乎也很喜欢劝菜。这对于中国人来说，是比较受用的一种礼仪，但是如果对方是外国人的话，就不要反复劝菜了，可以向对方介绍关于中国菜的特色和知识，吃与不吃由对方自己做决定。如果作为东道主的中国人为了向对方表示自己的热情而不停地向对方劝菜，这样不仅会引起对方的反感，还可能会遭到对方的拒绝：“我不喜欢吃这道菜，你一直逼我做什么！”这样会让整个宴会的气氛变得尴尬起来。

客人在入席之后，不要立即动手去夹菜，应该等待东道主的招呼，当东道主举杯示意“开始”时，客人才可以开始。在夹菜的时候，也要讲究一些礼仪，只有当菜肴转到自己面前时，才可以动筷子，不要抢在邻座的前面。另外，次夹菜也不宜过多。

在用餐的时候，要做到细嚼慢咽，这样不仅有利于肠胃的消化，而且也会显得很有礼貌。如果用餐时狼吞虎咽，会给其他人留下贪婪的不良印象，还显得你这个人很没有礼貌。

在参加宴会的时候，不要出现挑食的现象，不要只盯着自己喜欢的菜吃，或者急急忙忙把自己喜欢吃的菜夹到自己的盘子里，好像生怕被别人抢走一样。在用餐的时候，动作也一定要保持文雅，夹菜的时候尽量不要碰到邻座，也不要把盘子里的菜和汤洒在桌子上。在咀嚼食物时尽量不要发出声响。否则不仅会显得不文雅，还会让在座的其他人心生厌恶和反感之情。

在吃东西的时候，不要与人说话。因为当你的嘴里含有食物的时候，不仅会发音不清，无法让对方听清你所说的话，不小心的话还会把食物喷到其他的地方，而且会让其他人觉得你很没有礼貌。掉在桌子上的菜也不要再吃。在进餐的过程中，不要玩弄碗筷，使其发出声响，尤其不要用筷子指向他人。在用餐结束之后，客人应该等主人示意之后再离开，不要提前离席。

4. 喝酒小细节

有人说："经常见面不如偶尔吃饭，偶尔吃饭不如痛饮一场。"这句话不仅说明了在人际交往中吃饭的重要性，还说明了在饭局中酒总是必不可少的。所以，在饭桌上一定要多多注意关于喝酒方面的细节。

（1）在领导互相敬完之后才轮到自己敬酒，在敬酒的时候，一定要站起来并且双手举杯，以表示对他人的尊敬。

（2）在敬酒的时候可以多个人敬一个人，但是切忌一个人敬多个人，除非你是领导。

（3）当自己敬别人的时候，如果不碰杯的话，自己喝多少可以根据你所敬之人的酒量和喝酒态度等情况定夺，切记不可以比对方喝得少。

（4）自己敬别人，如果一碰杯的话，就表达了这样一个信息和言外之意："我喝完，你随意。"会显得你这个人很大度。

（5）可以适当地替领导或客户添酒，但是不要随便给领导代酒，除非领导或者客户实在不胜酒力，想要找人代酒。在代酒的时候，也要表明自己的态度，并不是替领导和客户代酒，而是自己想喝。

（6）在端起酒杯的时候，应该右手拿住酒杯，左手垫在酒杯杯底，记着自己的酒杯一定要低于其他人。

（7）如果没有其他身份特殊的人物在场，敬酒的时候最好按照顺时针的方向进行，这样会显得很公平。

（8）如果出现了酒不够喝的情况，就不要一个挨着一个地去倒酒，这样很容易出现后面的人没有酒喝的尴尬情况。所以，最好的方法就是把酒瓶放在桌子的中间位置，让在座的诸位自己添酒。

谈判也要看天时

不同的天气对人们心情的影响是不同的，面对晴空万里的天气，人们的心情自然也就会变得无比舒畅；而燥热的天气总是很容易让人觉得脾气暴躁；阴天时低沉的乌云则给人以压抑和情绪低落的感觉；如果外面一直不停地下雨，人们的心情也会被这淅淅沥沥的雨声搅得郁闷起来。

人心情的好坏与天气的状况有着微妙的联系。比如，当你早上起床之后，突然发现窗外是一个阳光明媚的好天气，你的心情也会跟着阳光灿烂起来，在接下来的一天之中，你都会以愉快的心情去对待工作和学习。相反，如果是一个很恶劣的天气，你的心情也会变得郁闷起来。而且有关的心理学研究结果显示，如果一个人长期得不到阳光的照射，这个人不仅会变得郁闷起来，还极有可能引发抑郁症。

而且，在下雨的天气，空气的湿度会极大地影响人们的心情，人们很容易被空气中的湿度搞得心情郁闷和情绪低落；相反，在雨过天晴之后，人们的心情就会随之变得舒畅起来，这个时候人们是乐于助人的。

在一些国家和地区，由于气候的影响经常会刮热风，所以那里的人们反应会有些迟钝，经常出现犹豫不决的现象，解决问题的能力也相对低下。但是，那里的人们在暴风雨来临之前会有说不出的兴奋感和满足感。

第三只眼睛——松果体

人的心情之所以会和天气有着密不可分的联系，最主要的原因就是我们大脑中的松果体在作怪。我们体内的松果体会根据天气的变化分泌出一种松果素。松果素会起到抑制我们的身体分泌令人兴奋的甲状腺激素、肾上腺素、性激素等的作用。

松果体号称是人类的“第三只眼睛”，这似乎是一件不可思议的事情，因为在我们的记忆里只有神话人物杨戬才有三只眼睛。但是，这的确是曾经存在过的事实。其实生物学家早就发现，早已灭绝的古代动物的头骨上有一个洞。刚开始发现这个现象的时候，生物学家也很迷惑，但是后来证实这正是这些古代动物的“第三只眼睛”的眼眶。

研究表明，无论是飞禽走兽，还是蛙鱼龟蛇，甚至是人类的祖先，都曾经有过“第三只眼睛”。只不过是随着生物的进化，这所谓的“第三只眼睛”逐渐从生物的脑外转移到了脑内，成了隐秘的“第三只眼睛”，而这就是今天被我们称为“第三只眼睛”的松果体。

尽管松果体被进化的力量转移到了黑洞洞的颅腔内，似乎是过起了“深居简出、与世隔绝”的逍遥日子，但是由于松果体曾经发挥过人类“第三只眼睛”的功能，所以我们大脑内的松果体尽管不能直接观察异彩纷呈的大千世界，但是它对我们的生活和心情依旧能产生很深的影响。

我们人类颅腔内的松果体能够敏锐地觉察到大自然中光的信号并做出相应的反应。当外界的天气很晴朗、阳光普照的时候，我们大脑内的松果体就好像被阳光给照得犯困了一样，会出现“睡着了”的现象，进而分泌的松果素也会相对减少，人们也会随之变得心情舒畅、精力充沛。

可是，当我们遇到细雨连绵的阴霾天气或者不见阳光的天气的时候，松果体就会精力充沛地出来活动，分泌很多的松果素，而这些松果素的分泌不仅会导致我们变得安静许多，更重要的是它还会让我们心情低落、情绪消沉、郁郁寡欢，让人们丧失活动的欲望，甚至出现昏昏欲睡的情况。比如，我们在天气阴郁的时候，总是很喜欢赖床，似乎听着外面淅淅沥沥的雨声，更容易入睡一样。

所以，在谈判人员约对方进行谈判的时候，要尽量选择一个阳光充沛的晴朗天气，因为对方在这样的天气下心情会变得开朗起来，会使谈判的效果事半功倍。

事关生死的天气

在美国纽约曾经有一段时间，发生了多起自杀事件，而这些自杀的人一般都具有以下特点：独自一人居住、性格都比较内向，而且多半为年轻的女性。这样多的偶然性巧合引起了美国联邦调查局总部的注意，于是探员们怀疑这是一起连环杀人案，而凶手就是专门针对以上特点的年轻女子下手。

为了更好地调查这一令人迷惑的现象，探员们决定从一名叫露西的女性入手。这名叫露西的年轻女性刚刚割腕自杀过，所幸的是，她被好心的邻居及时发现并报警而保住了性命。在与露西约谈之前，探员们决定先从她的邻居那里了解一下关于露西的具体情况。

据露西的邻居透露，她是一个性格比较内向的女孩，很少见到她出门参加社会交往活动，即使出门也只是为了买一些生活的必需品。露西曾经在一家公司就职过，但是由于工作中一些不开心的事情就辞职了。在辞职之后，露西就一直待在家里，并没有找到另外的合适工作。这几天由于连续下雨，邻居见露西一直没有出门，担心她是否出事了，就进到她家里，谁知却看到了自杀的露西。

随后，探员们又去参观了一下露西之前所居住的房子。在探员们走进露西房间的时候，迎面扑来的就是一股很浓烈的烟味，而还在开着的电脑暗示着探员：露西在自杀之前还在上网，而且心情很不好，甚至可以说是烦躁。因为在电脑的旁边有一个装满了烟头的烟灰缸。

由此可见，在露西实施自杀之前为了缓解烦闷的心理而大量地吸烟。但是，探员们并没有在露西自杀的案发现场发现更多证据，露西的房间也没有出现挣扎过的痕迹。从现场来看，探员基本可以判定露西的确是自杀而非他杀。

后来，探员在与露西的约谈之中，也证实了露西是自杀而非他杀这一事实。这就更加引起了探员们的怀疑，为什么在最近一段时间内自杀的人会这么集中，而且自杀者的特征也这么相似？

露西邻居的一番话让探员们有了一种茅塞顿开的感觉，这句话就是“这几天一直在下雨”。探员们想：“难不成是一直下雨的糟糕天气影响了人们的心情，才造成了这些性格本来就内向的年轻独居女子的集体自杀行为？”

探员回到办公室，收集了有关天气对于人们心情影响的资料，这些资料的确显示，天气对人们的心情产生的影响是巨大的。有关调查也显示，在一些很恶劣的天气影响下，人们的犯罪、自杀以及交通事故的发生率都会比良好天气的时候要高很多。而在相关的新闻报道中甚至还进行了这样的对比：“由于最近人们受到恶劣天气的严重影响，车祸的发生率增加了50%；而轻生的人数也比以往增加了很多。”

同时，在那些相关的报道中，专家们还给出了这样的建议：“持续的阴雨天气是引发人们抑郁情绪的导火线。所以，当你觉得在这样的天气中感到异常的烦闷和苦恼时，最好不要一个人继续待在房间里打发时间，这样只会让阴霾天气所带来的抑郁情绪无休止地蔓延开来，从而引发一些不必要的悲剧。所以，尽量找一些性格开朗的朋友聊聊天，谈一些愉快的话题，或者参加一些让人感觉愉快的活动，都可以在一定程度上抑制这种恶劣天气所带来的糟糕心情。”

看到这些相关资料的探员们如梦初醒，立即采取了相关的行动。为了防止露西再次发生自杀的行为，探员们当即决定找来露西的朋友和家人去医院照顾露西。而关于更详细的案情，探员决定再找个阳光灿烂的晴朗天气与露西约谈。

既然天气的好与坏会对人们的心情产生如此大的影响，那么谈判人员就要尽量选择在一个阳光灿烂的晴朗天气进行谈判，这样对方就会有好的心情，自己也会因为松果体的“沉睡”而精力充沛地去与对方周旋。这些都会使谈判的成功率得到极大的提高。

情绪的季节性变化

影响人们心情的外在因素有很多，除了天气之外，不同的季节也会极大地影响人们的情绪。古人云：“春宜读诗冬读史。”也有人曾经这样说：“春雪莱，夏拜伦，秋读波德莱尔，冬读艾略特。”这就说明根据不同的季节，人们会产生不同的心境，而不同的心境适合读不同类型的书，这样读书的效果也是最好的，因为可以深刻地体会作者所表达出来的创作心境。对于谈判也是如此，随着季节的变化人们会产生不同的心境，所以在不同的季节中，谈判人员应该采取不同的策略，促使谈判取得良好的效果。

1. 春季

在一年四季之中，春天应该是人们心情最好的季节。可能是因为在酷寒冬天之后的温暖春天会让人们的心情变得格外舒畅和愉快起来，而且由于人们在春天来临之后会脱下笨重的棉衣，穿上相对轻便的春装，会感到格外的轻松。所以，春季应该说是最适合进行谈判的季节。

但是，谈判人员也要注意，在初春的时候，由于寒冬还没有完全退去，在这个乍暖还寒的季节，人们的情绪是最不稳定的。所以，在春天谈判的时候，一定不要选择在气候最不稳定的时间段进行谈判。

2. 夏季

燥热的夏天总是让人有一种望而生畏的感觉，特别是当燥热的天气已经折磨了人们很久之后还是没有出现任何下雨征兆的时候，人们的反应会格外迟钝和容易发怒。在夏天的时候进行谈判，选择一个有空调的室内环境自然是一个不错的办法。但是，空调会吸收空气中大量的负离子，这对人的大脑功能和情绪会产生不利的影响。空调会产生许多的阳离子，当人们在充满阳离子的空气中待 8 个小时以上时间的话，就会出现头痛的现象。

谈判人员可以利用离子发生器生产负离子，这样当空气之中充满了负离子的时候，人们的情绪也会得到改善。人们之所以喜欢去山区，在人迹稀少的地方会感到精神格外振奋，就是因为那里的空气中有大量的负离子存在。

当然，谈判人员也可以选择暴雨过后的时间进行谈判，因为夏天暴雨过后会给人一种格外凉爽和清新的感觉，而暴雨过后的人们也会变得格外兴奋和活跃，这与空气当中带电粒子的变化有关。特别是雷阵雨过后，由于雷电会带来大量的负离子，空气中的负离子可以使人感到欢快。

3. 秋季

初秋之时，由于燥热的夏季刚刚过去，人们会被这凉爽的天气鼓舞，心情很愉快。但是，深秋总是会给人一种凄凉的感觉，所以在古人的诗句中悲秋的意味就显得很浓重。尤其是淅淅沥沥的深秋时节的雨，给人一种格外凄美的感觉，人们的情绪也会变得低落起来。所以，在深秋季节，最好选择一个天气晴朗的日子进行谈判，因为秋高气爽的感觉会让人的情绪变得非常愉悦。

4. 冬季

酷寒的冬天总是给人一种很压抑的感觉，由于寒冬的冷冽，许多植物也都进入了冬眠的状态，没有了之前生机勃勃的模样。而且，冬天的色调总是以暗色调为主，这就会使人们的心情变得格外压抑和低落，有的人还会被偏头疼等一些疾病所困扰。

在冬季的时候，也极易引发忧郁症，这是人们情绪失调的一种反应。简单来说，这样的人在春天、夏天、秋天都是很正常的，只有到了冬天的时候，才会引发忧郁症，会感到非常难过。这与太阳的照射有很大的关系。像赤道附近的居民就很少会出现这种忧郁的现象。但是，在北纬30° 以北和南纬30° 以南，这种忧郁症就有着相对较高的发病率，而居住在北极圈和南极圈的居民，由于受到极夜的影响，特别容易被忧郁所困扰。有关专家认为，这样的忧郁症可能与血清素和褪黑素有关系，而阳光会刺激这些激素的分泌，继而影响人们的情绪。患者可以通过照射人造全波长灯光来缓解这种忧郁的症状。

所以，在冬天进行谈判的时候，谈判人员应该选择一些比较喜庆的节日，如春节、元旦、圣诞节等。由于人们会受到节日气氛的感染，情绪也会变得愉快起来。

5. 刮风的天气也不适宜进行谈判

有人曾经做过这样一个实验：将不同程度的风力吹在被测试者的身上，以观察不同的风对人们心理影响的程度。结果显示，被强风吹拂的被测试者的情绪会变得很差。

不仅大自然的强力风会让人的情绪变得很差，甚至就连室内的空调吹出来的风也是一样的。所以，在进行谈判的时候，尽量不要把双方的座位安排在被空调风直接吹到的位置，不然被空调风直接吹到的人情绪会变得恶劣，不利于谈判取得良好的效果。

谈判也分早中晚

朋·杰克博士曾针对人们的记忆力、理解力和运动力做过一个测试。测试的结果显示，人们的记忆力和理解力在临近中午的时候是一天之中最高的，而到了下午的时候就会一点一点地逐渐下降。但是，人们的运动力却与记忆力和理解力的趋势正好相反。

通过这个实验我们可以知道，在上午的时候，人的思维活动比较活跃也更理性，更适合进行思考；但是下午的时候，人们的思维就会变得相对迟钝起来，这个时候并不适合思考；晚上的时候，人就会变得越加疲惫起来，思维活动也就会更加缓慢。但是，这种结论只是针对一般人而言。

谈判专家的疲劳战

谈判专家就是根据这个实验的原理与嫌疑犯们进行谈判的。他们根据上午、下午、晚上这三个不同的时间段，为嫌疑犯们准备了不同的谈判方案。

上午：由于这个时间段的犯罪嫌疑人思维活动非常活跃，富有理性，所以在进行谈判的时候，犯罪嫌疑人总是保持很高的警惕性，更加注意谈判专家所提问题和所说内容的细节。谈判专家如果这个时候想从犯罪嫌疑人的口中得到证据或者是有利于破案的细节基本上是不可能的。所以，在这个时间段内，谈判专家并不会向犯罪嫌疑人问一些比较敏感的问题。

下午：这个时候，犯罪嫌疑人无论是在生理上还是在心理上，都会变得疲惫起来，而犯罪嫌疑人的警惕性和理性也会随着疲惫感增强而一点点地消失。所以，谈判专家常常会在这个时候从犯罪嫌疑人的口中套出一些案件的细节和证据。

晚上：已经疲劳的犯罪嫌疑人到了晚上的时候，由于需要放松和休息，所以变得身心俱疲。而谈判专家可以在这个最容易取得突破的时候去审讯犯罪嫌疑人，一般都会取得较好的效果。所以，谈判专家很喜欢在晚上的时候去被约谈者的家里进行交谈，这样不仅可以让被约谈者在身心俱疲的情况下被迫与谈判专家进行合作，以尽快结束这场约谈；更重要的是，被约谈者会在疲惫的状态下迫于谈判专家的压力，而同意让他们搜索自己的住所以及一些私人物品，谈判专家也就能从这些重要的细节之中找寻破案的关键证据。

下午的质检

一家制造洗发水的厂家，派出了一名谈判人员与另一家公司进行谈判，目的是大批量出售自己的洗发水。谈判进行得很顺利，但是在签合同之前，买方公司的谈判人员要求在明天上午的时候，到厂家生产洗发水的现场去进行质量检测。厂家的谈判代表没有多想，就爽快地答应了。

第二天早上的时候，买方公司的谈判代表精神抖擞地来到了生产现场，当他进行质检的时候，表现得十分认真，检查了好多箱产品，而且每次抽检的数量也远远超过了正常抽检的标准。这名谈判人员就在如此认真的质检之中，检查出了一瓶没有装满的洗发水。

买方公司的谈判人员紧紧抓住了这一点讨价还价起来，结果这家生产洗发水的厂家因此损失了一部分利益。

后来，当这家工厂再次与该公司进行生意上的谈判的时候，就派出了另一位谈判代表。这名谈判代表很聪明地让整场谈判早早就结束了。买方公司的谈判代表故伎重施，依然提出了要去生产现场进行质检的要求。厂家的谈判代表同意了，不过把去生产现场质检的时间安排在了下午。由于午餐的时间快到了，厂家的谈判代表就邀请对方去吃饭。

在酒足饭饱之后，买方公司的谈判代表便去生产现场进行质检了。但是，这时的他显得懒洋洋的，根本打不起精神。在进行质检的过程中，也没有上一次那么认真，看的时候只是马马虎虎的，而且根本就没有抽检多少产品。整个质检很快就结束了。厂家的谈判代表深知趁热打铁的道理，就建议对方去会议室把合同签了。于是，这场谈判就这样轻松完成了。

不同的谈判时间会对谈判造成不同的影响。如果谈判的时间是上午，那么谈判人员就要展现出其认真和精神抖擞的一面，用自己缜密的逻辑思维进行谈判；如果谈判的时间是下午，那就需要谈判人员注意营造一种轻松愉快的气氛，因为对方在下午的时候本来就比较疲惫，而且思维也不像上午那样清晰，而创造良好的气氛可以让对方更容易接受自己的建议和要求，有利于谈判的成功。

谈判人员在进行谈判的时候，一定要避开那些对自己不利的时间段，尤其是当自己的身心感到很疲惫的时候，更不要进行谈判。比如，在刚吃过午饭的下午，这个时候由于一上午的工作，人们本来就已经感到疲劳了，而且人在刚刚吃饱饭后由于身体的血液和能量都集中在胃部的消化上，人的大脑会因为供血不足而变得昏昏欲睡。

在星期一的上午也不适合进行谈判，尤其是在长假结束之后第一天上班时，因为这个时候人们还没有从放假的状态中完全恢复过来。而放假时的身心状态自然是不适合进行谈判这种需要高效思维能力的工作。

在进行连续、紧张的工作后，也是不适合进行谈判的。因为这个时候，人还没有从紧张的状态中摆脱出来，思维还处于比较混乱的状态。如果这个时候进行谈判，不仅会显得很没有条理性，而且也会制约自己在谈判过程中的正常发挥。

身体有不适的情况时，也不适合进行谈判。如果勉强进行谈判，很容易把自己的注意力分散到身体的不适上，这样就无法专心进行谈判。

谈判人员还会遇到去异地或者异国进行谈判的情况，这个时候不要急于与对方进行谈判，因为此时的你很容易因为长途跋涉而感到困乏，你需要进行适当的休息之后，再开始谈判。而且，在休息期间也可以让自己熟悉一下谈判的环境，这样更有利于在谈判的过程中掌握主动权。

傍晚谈判效果好

加文是一家超市新招来的促销员，不同的是，他每天上下班的时候总是晚来早归，每天早上上班时，他总是来得最晚的一个，晚上十点钟才下班，加文总是八九点就走了。与加文同一时间到超市工作的促销员都在私底下议论，认为加文过了试用期以后肯定是第一个被解雇的人。

出人意料的是，试用期过后，加文居然留了下来。于是，大家又断定，加文肯定不会得到上司的赏识而升迁。可是预言又一次被打破，加文是这批促销员中升迁最快的，而且职位也是最高的。大家对这种现象都感到很迷惑。

有一次，加文的好朋友（与加文同一时间成为这家超市的促销员）禁不住好奇地问加文："为什么你并不是工作最努力的人，而你的升迁却是最快的？”加文说：“因为老板需要的并不是工作努力的推销员，而是销量最高的推销员。”好朋友继续问道：“那你是怎么做到的？我指的是在最短的时间内销售出最多的产品。”加文并没有直接回答好朋友的问题，而是向他讲起了自己小时候的经历。

加文在青春期的时候是一个十分叛逆的小伙子，他的父母想尽了一切办法与他进行沟通，可还是撬不开他的嘴巴，加文什么也不想与他们说。无奈之下，加文的父母只好请来了他的叔叔——一位谈判专家。果然，加文在这位身为谈判专家的叔叔面前打开了自己的话匣子。

加文也不知道为什么自己总是想与自己的叔叔交谈。而加文的父母则通过间接的渠道了解了加文存在的青春期问题。但是，加文在心底里很不服气，他固执地认为自己被叔叔打败了。不过，血气方刚的他又低不下头来问叔叔到底是为什么，他认为这样会很没面子。

这样的问题一直伴随着加文长大，当加文上高中的时候，实在忍不住去问叔叔，希望能够得到一个满意的答复。作为谈判专家的叔叔神秘地笑了笑：“你没有注意到这样一个细节吗？我为什么总是在下午快接近傍晚的时候去找你谈话？”加文：“那不是因为你的工作很忙，只有在傍晚的时候才有空闲的时间吗？”在加文叔叔接下来的解释之中，加文得到了另外一个让他匪夷所思的奇妙答案。

加文的叔叔继续道：“但那并不是最主要的原因。我们谈判专家在与犯罪嫌疑人进行谈判的时候，为了能够从他的嘴里得到更多有关的真实案情，一般会把谈判的时间安排在下午。因为在下午的时候，尤其在傍晚时分，人们的紧张感、警惕性、自制力以及理性都会相对上午的时候松弛很多，而且也变得更加喜欢感情用事。这时的人们很容易向他人说出一些上午时不可能说出的秘密。虽然在傍晚时分与你谈话，在时间的选择上显得有些仓促，但是对付你这样的小孩子已经足够了。”

为了使加文能够更好地理解自己所说的话，加文的叔叔还为他举了一个例子：“有许多超市和商家都很喜欢在下午甚至是傍晚时分进行打折促销的活动。顾客们也以为这些商家和超市是为了让自己的商品尽快卖出去，尤其是食品类的商品过夜的话会影响其质量，才举办这样的活动。其实原因并非像顾客们所想的这样简单。超市和商家进行降价促销活动，不过是为了吸引顾客的眼球而采取的一种手段。这些商家和超市就是为了利用顾客已经工作了一天，不论是心理上还是生理上都已经非常疲劳，自制力和理性都会有所下降的特点。而事实证明，顾客在这个时候的确容易被勾起消费的欲望，甚至会因为商品的价格便宜而购买一些自己其实并不需要的东西。”

加文在与叔叔进行过这一次的交谈之后，就对消费心理产生了极大的兴趣，在大学期间他选择了消费心理学这门专业。毕业后，加文就来到了这家超市做促销员。他首先做了一个调查，通过调查发现，消费者的购物冲动大多发生在傍晚时分。因为人们的理性在下午和傍晚时有所减弱，而感性就会得到冒头的机会，这个时候正是销售员进行商品销售的绝佳时机。通过这些调查，加文总结出一条规律，那就是作为一名销售人员，最重要的是把握销售的最佳时间段，而不是全天都在守株待兔。这也是加文之所以晚来早归，依然还得到升职的关键所在。

优秀情报人员约翰·薛佛说过：“到了下午和傍晚时分，人们的紧张感、警惕性或是自制力都会变得松懈，往往会在不经意之间说出一些秘密。”

在谈判的过程中，双方都在试图说服对方接受自己的建议而得到更多的利益，这个时候双方都在向对方施压，压力就会像空气一样充满房间的每一个角落。大家都清楚，面对这样的施压，谁坚持到最后，谁就将是这场谈判的胜利者。

这个时候，时间仓促就会变成一个无形的利器。如果谈判的时间选择在上午，由于对方的精力是一天之中最充沛的时候，所以坚持的时间就会更长，这样不利于谈判的最终成功。所以，谈判人员应该向谈判专家们学习一下为对方布置一个“时间陷阱”。那就是，自己在上午的时候养好精神，尽量在下午的时候也能保持充沛的精力，然后再把谈判的时间安排在下午或者傍晚时分。

这样就会给对方一种无形的时间压力，从而影响他们的精神状态，对方很容易经不住这样的疲劳战而想尽快结束谈判，进而接受或者同意你的建议，最后不得不做出让步。有时，对方还可能会在身心俱疲的情况下不太注意所签合同或协议的细节，甚至还会出现一些不应该出现的错误。这样，谈判人员才可以成为这场谈判的最大赢家。

创造舒适的谈判环境

一个偶然的机会，谈判专家乔治遇见了多年未见的儿时伙伴杰克，两人相约去一家酒吧叙旧。两人相谈甚欢，在叙旧完毕后，两人又谈到了双方的现状。当杰克提到自己的现状时不住地叹气和摇头，由此可见，杰克对自己的现状十分不满。乔治就禁不住好奇地问了一下杰克之所以这么苦恼的具体原因。

杰克失落地说：“由于这些年我有了不少的积蓄，所以最近我自己开了一家公司，也招到了不少员工。这些员工都是我在面试的过程中精挑细选出来的，在面试的时候，我的这些员工不仅表现得十分优秀，而且工作热情也很高。可是没工作多久，他们的工作积极性就大不如从前了。员工的工作效率越来越低，还经常因为一点小事情而发生争吵。现在，我公司的气氛变得非常压抑。我都打算开除这些人了，可是据我的观察，他们似乎也在努力地工作……”

乔治就问道：“是不是因为你给员工的工资太少了，所以他们都提不起工作的积极性？”杰克肯定地说道：“要说到薪资问题，我给的薪资可是我们这一行当中最高的了。要不然我的员工肯定早就跳槽了。”乔治又问道：“难道你没有和员工进行过沟通吗？看看是什么原因引起的？”杰克无奈地回答：“当然进行过沟通，可是并没有找到原因在哪里。”

这更加激发了乔治的好奇心，他决定一定要帮杰克找到原因。于是，乔治对杰克说："要不你安排我哪天去你的公司瞅瞅，看能不能帮你找到具体原因在哪里。"杰克听到乔治的建议后非常高兴，因为从之前的闲聊中杰克得知乔治最近在联邦调查局工作，有谈判专家亲自出马，一定能够找到原因。

乔治不负所托，果然找到了原因所在。当乔治刚刚走进杰克的公司时，就感觉到一种燥热，这让乔治很不舒服，他甚至觉得这个房间的温度有30多度。乔治看了看正在工作的员工们，他们表现得很机械，没有任何的激情，而且目光也有点呆滞。乔治看了看时间才十点多，按理说这个时候工作人员的精力应该是最旺盛的时候。

乔治就问了其中的一名员工："你难道不觉得这里很热吗？"那名员工机械地说道："是吗？我已经习惯了，并没有感到太热。"乔治建议杰克把员工们工作环境的温度下调一些，调到20多度。杰克表示了质疑："现在可是冬天，在公司的时候员工的穿着都比较单薄，这样不会感到寒冷吗？"乔治解释道："据有关专家的建议，在冬天的时候室温保持在20度到22度之间是最为合适的。"于是，杰克就把员工工作环境的温度下调到20多度。

没过多长时间，室内就变得凉爽起来。员工们的工作态度得到了明显的改善，大家的精神状态也变得很积极。乔治走过去问之前的那名员工："现在，你感觉舒服点儿了吗？"那名员工高兴地说："我现在感觉很舒服，而且之前昏昏欲睡的感觉也没有了，我感觉很精神。"乔治不解地问道："既然你感觉很热，为什么不向你的老板提出呢？"那名员工回答："我刚开始来这里工作的时候，就感觉到燥热，很不舒服。但是，我看大家都没有什么反应，我是一名新员工，不希望给老板留下一个'事很多'的坏印象，所以我就什么也没有说，让自己逐渐适应工作环境……”

乔治在临走前随口问了一句：“杰克，你难道不觉得之前的工作环境实在太燥热了吗？”杰克说：“我这个人比较怕冷，尤其是冬天的时候。我的办公室和家里的环境一直保持在30度左右。如果室温是20多度的话，我会感到很冷和不舒服。”乔治说：“所以你就想当然地认为，你的员工也很喜欢这种温暖的环境。”杰克说：“是啊，我以为他们在这样的环境中工作会更舒服。谁想到，好心办坏事了……”

自然界的气候和季节以及天气的变化会影响我们的情绪和心情。同样的，室内温度的高低也会对我们的情绪产生极大的影响。当室内太冷或者太热的时候，我们的身体会感到非常不舒服，相应的，我们的大脑也会变得迟钝起来，而且不想说话。相反，如果我们处在一个温度适宜的、不冷不热的环境中，我们的身体会变得放松起来，我们的大脑也会变得活跃，就会情不自禁地想与对方进行交谈。

所以，在进行谈判的时候，一定要把谈判所在房间的温度调到适合人体温度的状态。而且，据谈判专家证实，当犯罪嫌疑人处在一个温度适宜的环境中时，谈判专家与犯罪嫌疑人谈判成功的概率要远远高于太热或太冷的环境。舒适的环境让谈判专家更容易从犯罪嫌疑人的嘴里套出案件的实情。

如果犯罪嫌疑人身处比较恶劣的环境中，即使从他们的嘴中得到线索，可信度也没有多高。所以，在谈判的过程中，为了保证谈判的效果，就要创造一个人体适宜的舒适环境。这样，不仅让对方容易对自己吐露实情，而且自己也会感到舒适，保持旺盛的精力和良好的状态。

以下是美国有关专家得出的最新结论：夏天最适宜的室内温度是22度到24度；冬天最适宜的室内温度为20度到22度；而春天和秋天最适宜的室内温

度为 23 度到 25 度。谈判人员可以根据这个标准来具体调节谈判地点的室内温度，尽量为自己和对方创造一个舒适的谈判环境。

谈判人员在布置谈判地点的环境时，可以注意以下几个方面：

（1）感觉一下房间的天花板是不是太低或者窗户是不是太小，因为这样会给人一种压抑和拘束的感觉。

（2）把谈判地点的房间布置整洁，切忌脏乱。因为混乱和肮脏的环境会给对方留下恶劣的印象。

（3）房间墙壁的颜色最好为白色，即使是其他的色调，也要避免出现暗色调。因为这样不仅会使室内的光线变得很阴暗，还会给人一种压抑的感觉，尤其到了阴雨天气的时候，室内的光线会更加暗淡。

（4）在谈判的时候，如果需要开灯的话，灯光最好保持明亮。不要使用昏暗的灯光，因为这样会让人的心情变得低落。而明亮的灯光则会让人的心情明朗愉快。

营造良好的谈判氛围

在谈判的时候，谈判人员要努力营造以下五种谈判氛围，这样不仅会受到对方的欢迎，而且还可以让对方建立对你的信任，使谈判达到更好的效果。

1. 营造轻松的谈判氛围

一般情况下，以闲话进行开场会取得较好的效果，可以使双方的紧张情绪都放松下来，也可以消除彼此之间的陌生感。比如：“昨天我去打球了，球场的人可真多啊。不过我喜欢这样热闹的氛围，尤其是打球的时候，那种感觉非常好。”

以闲话开场虽然并不会对谈判产生实质性的作用，却是营造轻松谈判氛围最好的一种方式，因为这样不仅可以拉近双方之间的心理距离，而且也容易让对方产生信任感。

2. 创造平等的谈判氛围

在谈判的过程中，谈判人员掌握谈判的主动权是很重要的。但是，这并不意味着谈判人员要在谈判的过程中表现自己的优越感，好像自己高人一等，尤其是当遇到比自己地位低的谈判对手的时候，很容易把自己放在一个居高临下的位置上，甚至对对方出言不逊。这样不仅会招致对方的反感，甚至会使谈判中断。

当然，在谈判的过程中也不要让自己在对方面前表现得低人一等，这样会让自己在谈判中显得很被动，甚至会失去一些本来能够争取到的利益。所以，最适宜的谈判氛围就是彼此平等。而平等的氛围也更加有利于双方之间的合作，使大家的利益实现双赢。

3. 采取友善的坐姿表达友好

一名谈判专家总是能从犯罪嫌疑人的嘴里轻松地套出有价值的线索。这是因为这名谈判专家在与犯罪嫌疑人谈判的时候，总是保持友好的坐姿和微笑。本来就对女性警惕性低的犯罪嫌疑人变得更加随意和放松起来，也就会在不经意间透露重要的案件信息。

在谈判的过程中，谈判人员的坐姿也在向对方表达着自己的态度。通常，将身体微微向前倾，在交流的过程中既不要交叉双手或双脚，也不要将手心向上。这样的坐姿会向对方传达一种友好的信号，对方也会消除紧张感和陌生感，从而拉近你们之间的心理距离。

4. 灵活调整谈判的氛围

在谈判的过程中，可能会遇到冷场的情况，这就需要谈判人员能够找到一些适合的话题来调节一下气氛，打破尴尬的场面。当然，有时还会遇到言论过激和情绪激动的情况，这就需要谈判人员保持冷静的态度，转移一下话题，让双方都尽快地恢复平静的状态，因为这样继续争执下去除了会破坏双方的关系外，不能取得任何积极的谈判效果，只能是徒劳无功的。

在缓和双方矛盾和消除尴尬气氛的时候，谈判人员最好使用幽默的手段，比如讲一个小笑话，常常可以起到奇妙的作用。

5. 适当地引导谈判对手

在谈判的过程中，适当地对对方进行引导，不仅可以让对方和自己的思路保持一致，也可以达到自己想要的目的。在进行引导的时候，一定要做到不留痕迹，最好让对方产生成就感。

谈判专家在与犯罪嫌疑人谈判的时候，会使用交换信息的方式适当地引导对方讲出自己的犯罪过程。比如，谈判专家会这样对犯罪嫌疑人说："我们已经搜集到了一些证据……"或者是："某某（犯罪嫌疑人的同伙或者目击证人）已经向我们证实……并提供了可靠的证据……"抑或是："局里有规定是不能透露案情的。我们已经调查到……（案情的透露）"

这样交换信息的引导方式不仅会让对方心存感激，而且也会迫于某种压力而主动地透露自己知道的某些信息作为一种"回报"。当然，所透露的信息内容不一定要保证其真实可靠性，只要能让对方感觉到真实可靠和重要就可以了。当遇到对方对你所透露的信息无动于衷的时候，你可以进行一定的暗示引导："我已经把我知道的全都说了出来，希望你也可以说一些你知道的信息来表示你的诚意。"也可以直接要求对方说出一些信息。

第五章

最诚实的语言
——破解肢体语言

谈判中，真真假假、虚虚实实，谁也不会轻易露出自己的底牌。如何了解对方的真实想法？谈判专家告诉你：做个身体语言专家。观察对方双手的动作，解读对方的面部表情，最重要的是别忽略对方腿脚的动作变化——那是离大脑最远的部位，所以最难被理智伪装、最诚实。

特工乔·纳瓦罗接到了一个审讯犯罪嫌疑人的任务，但是，这个人在当时并没有被确定为主要的犯罪嫌疑人，因为他有充分的证据证明自己案发时不在场。

在乔·纳瓦罗审讯这名犯罪嫌疑人的时候，他回答问题的言辞显得很诚恳，并不像是在撒谎。但是，乔·纳瓦罗在问这名犯罪嫌疑人以下几个问题的时候，这个人的表情动作表现得有些反常。

乔·纳瓦罗问：

“假如你参与这个案件，你会使用枪来杀害被害人吗？”

“假如你参与这个案件，你会使用刀子来杀害被害人吗？”

“假如你参与这个案件，你会使用碎冰锥来杀害被害人吗？”

“假如你参与这个案件，你会使用锤子来杀害被害人吗？”

（在乔·纳瓦罗这一连串问题中所提到的作案工具，其中的碎冰锥就是本案真正的凶器。）

这个案件的作案工具是什么，凶手自然是知道的。而乔·纳瓦罗之所以问这样一个问题，最主要的目的就是想了解犯罪嫌疑人在听到“碎冰锥”这样的敏感字眼时的反应。因为无论犯罪嫌疑人伪装得如何真实，最诚实的语言——肢体语言还是会泄露他内心的秘密。

果然，当这名犯罪嫌疑人听到“碎冰锥”这个词后，眼皮明显耷拉下来，而且这种状态一直持续到乔·纳瓦罗提出下一个作案工具的时候。这自然就引起了乔·纳瓦罗的注意，在后来的案件进展中，这个人被定为了主要犯罪嫌疑人，案件的最终结果也说明他并没有被冤枉。

在谈判的过程中，双方非语言的交流往往会起到极其重要的作用。非言语交流其实就是指非言语行为或身体语言，事实上这也是一种传达信息的方式。不同的是，口头传达信息的时候是用语言进行表达的，而肢体语言在传达信息的时候是通过面部表情、手势、身体接触（触觉）、身体移动（动作）、姿势等途径。

人们在交流的过程中，往往会把自己的注意力集中在自己或对方的语言上，而忽视对方和自身的肢体语言，这样会让我们错过许多真实的信息，从而错失良机。事实证明，肢体语言往往能够真实地反映一个人的想法、感觉以及潜在的意图。所以，在谈判的过程中，对对方肢体语言的把握和解读，以及控制自己的肢体语言，避免泄露重要的信息，是非常必要的。

由于人们的语言是一种社会化的产物，一个人刚刚诞生的时候，他首先学会的是用自己的动作来表达自己的意思，随后在父母或者其他长者的教育之下才学会语言。在后来的社会化过程中，这个人肯定会学会语言中的一种——谎言。当出现了不利于他的情境时，就会选择用谎言来维护自己的切身利益。这样的谎言是有意识的，但是无意识的肢体语言往往会破坏他的这种意图。所以，从这个意义上来讲，肢体语言相对我们的口头语言要诚实得多。以下这个案例就是一个很好的例证。

在美国的亚利桑那州曾经发生过一起强奸案件，一名年轻的犯罪嫌疑人被带到了联邦调查局接受审讯。在接受审讯的过程中，这名犯罪嫌疑人面对探员的提问很镇定，回答问题的时候显得诚恳而具有说服力，而且他的证词听起来也很合乎常理。但是，探员乔·纳瓦罗却从他的动作里读出了他撒谎的信息。

在探员要求犯罪嫌疑人陈述案发当天他在干什么的时候，犯罪嫌疑人是这样陈述的："我从来没有见过你们所说的受害者。在案发当天，我放学后就回家了。我沿着回家那条路的一排棉花地前行，然后就左转直接回家了。"（向右转的方向就是案发现场）

当时，进行审讯工作的一共有两名探员，其中一名探员快速地记下了这名犯罪嫌疑人的口供。而另一名探员乔·纳瓦罗却在仔细地观察这名犯罪嫌疑人的肢体动作。他发现，当犯罪嫌疑人说到自己左转回家的时候，情不自禁地做了一个动作——他打了一个向右的手势。

他明明说自己是左转回家了，却打了一个向右转的手势。这只能说明一点，那就是他在撒谎。在接下来的案件调查中，也证实了这名犯罪嫌疑人的确是在撒谎，他就是那个强奸案的罪犯。

注意观察对方的双手

卡尔是一名优秀的主管，他的同事和下属都对他的工作能力十分钦佩，不过最让同事和下属佩服的还是，在局里最严肃苛刻的副局长居然也对卡尔和颜悦色。要知道，每次主管级的人员去向副局长汇报工作的时候，都是硬着头皮去的。因为这名副局长不仅对下属的工作要求很苛刻，而且脾气还很暴躁。

当下属们在向副局长汇报工作的时候，都会有一种如履薄冰的感觉，因为只要所汇报的内容稍微不合这位上司的意愿，就会被骂个狗血淋头。但是，在卡尔汇报工作的时候，却是另外一番场景。副局长不仅不会对卡尔破口大骂，还会时不时地点拨一下他，甚至还会对卡尔表示赞扬。

有一次，乔治去向副局长汇报工作的时候，又被骂得很惨，他只能一脸无奈地听着。当乔治从副局长的办公室走出来的时候，正好看见了卡尔，就向卡尔请教秘诀。卡尔很同情他，便耐心地向他传授自己的秘诀。

卡尔说：“当我们向一个很苛刻的上司汇报工作的时候，一定要在汇报的同时注意观察上司所表现出来的肢体动作。如果对方的肢体动作已经表明他对你的工作不满意时，你就要赶紧在对方发脾气之前转换自己所汇报的内容，以使对方满意。”

乔治问道：“那该怎样观察上司的肢体动作呢？”

卡尔："由于我们的副局长是一个非常精明的人，所以在向他汇报工作的时候，他肯定不会将自己的意愿表现在脸上。而他又坐在自己的办公桌后面，我们也不可能观察到他的腿部和脚部的动作。所以，你在向副局长汇报工作的时候，最好通过手部的动作来判断他对你所汇报的内容是否满意。

"如果对方的手很轻松地放在桌面上，没有用力握着，也没有用手摸自己的下巴或者其他动作时，就证明他对你所汇报的工作内容很满意，而且还在认真听你说话。这时，你要做的就是继续汇报工作。当然，你也可以向副局长讨教一些建议，使你的汇报工作显得更加完美。

"当然，这是最理想的情况。如果副局长出现了以下动作时，那就意味着你有危险了。比如，双手不再放松地放在桌面上，而是握成了拳头或者双手手指交叉攥在一起时，那就表示副局长对你所汇报的工作内容十分不满意；如果他用手托着自己的下巴或是将双手放在自己的膝盖上，那就说明他对你所汇报的工作内容不感兴趣；如果副局长的双手在玩笔或者敲桌子，就说明他对你所汇报的工作内容已经感到了厌烦；如果副局长把自己的手指放在了额头上或者两条眉毛的中间抑或是太阳穴的位置，那就说明他的不耐烦已经达到顶点，如果你再继续汇报工作，那等待你的将是一顿臭骂……"

听了卡尔的一番话，乔治突然想起来，在他汇报工作的时候，副局长的确在一直不停地敲桌子。而且，在副局长对他破口大骂之前，一直用自己的手指按压太阳穴。受到启发的乔治后来汇报工作时，就把副局长的手当成了他态度的显示器，随时调整自己的汇报内容，果然立竿见影，副局长的脸上露出了难得的满意的笑容。

同样，通过对方的手部动作来判断对方的内心活动，可以使商业谈判变得简单和更有效率。

手与自信

许多演讲大家都非常善于用自己的手部动作来调动听众的情绪。演讲者的手部动作往往能引起听众的巨大反应。

不同的手部动作会给人留下不同的印象。有人曾经做过这样一个实验：总共选择了两个人参加这项实验，其中的一个人将自己的双手放在桌子上面，另外一个人将自己的双手放在桌子下面。然后，让一批人对他们做出评价。

结果发现，那个把手放在桌子下面的人给人的印象并不好，评价者们多用鬼鬼祟祟、畏畏缩缩、虚伪等一些负面的词语来形容他；而那个把手放在桌面上的人，评价者对他的印象却很好，用了大方、友善、光明磊落等正面的词语来形容他。

在谈判的过程中，谈判人员一定要注意自己的手部动作，这样才会给对方留下一个积极正面的印象。而且，手部动作在很多时候都反映了一个人的自信程度。

在所有的手部动作中，双手手指对手指（即“尖塔式”动作，就是指双手自然张开并合在一起，手指对手指）是最具自信的一种表现。在谈判的过程中，谈判人员在述说自己的优势和做出承诺的时候，最好使用这样的手势。这样自信的手势显得你肯定和可靠，而对方也会感觉到你是一个值得信任的合作伙伴。

相反，如果对方在做出承诺和介绍他的优势的时候，并没有做出这样的动作，而是把双手紧紧地攥在一起，这就表明他感到焦虑和不安。这时，谈判人员就要怀疑他所说内容的真实性和所做承诺的可靠性，以免对方出现出尔反尔的情况。

需要注意的是，人们总是会随着外界环境施加给自己的不同压力而下意识地改变自己的手部动作。双手交叉、紧紧攥在一起被认为是最常见的一种缓解压力和紧张不安的表现。如果双手出现了相互摩擦的动作，也表现出这个人的不安与焦虑。

双手的大拇指是表现一个人自信心的重要信号。在我们的印象中，竖起自己的大拇指是为了向对方表明自己对他人的赞赏和佩服之情，其实它还代表着一个人的自信心。因为在我们的十个手指中，大拇指是一种权威和地位的象征。也正是因为如此，在我们自信满满的时候，大拇指就会做出明显的反应。

在日常生活中，我们通常会遇到这样的情形，有些人特别喜欢把自己的一只手或者双手插在口袋里，尤其是男士特别喜欢做这个动作。但是，细微的差别就在于，有的人在做这个动作的时候是把拇指露出来的，而其他的四指则在口袋内，这就是一种自信的表现；但是有的人在做这个动作的时候却是把其他四指露出来，而拇指藏在口袋内。这种隐藏拇指的行为其实就是一种不自信的表现。在握拳的时候也要注意，不可把自己的大拇指藏起来。

谈判专家发现，一个人是否会经常外露自己的大拇指，代表着这个人的自信心。如果一个人经常把自己的手和大拇指隐藏起来，那就表示这个人很不自信或者紧张不安。所以，在谈判的过程中，谈判人员要尽量有意识地避免隐藏自己的手和拇指。而且，也可以多多留意对方的手和拇指是否隐藏起来，进而判断对方的内心活动。

手部动作变化

在审讯一名犯罪嫌疑人的时候，FBI 探员遇到了难题，因为这名犯罪

嫌疑人十分狡猾，对他审讯了足足6个小时，还是没有从他的口中得知一点与案件有关的信息。不论FBI探员问什么样的问题，他都保持沉默。

据FBI有关调查得知，这名犯罪嫌疑人并不是单独犯罪，而是属于一个犯罪团伙。FBI探员本来希望通过这次审讯，可以得到一些重要的案件线索和其他犯罪团伙成员的具体情况。但是现在看来，似乎并不会有太大的收获。

就这样耗到了傍晚时分，这时谈判专家瑞德走进了审讯室。瑞德并没有直接去审讯这名犯罪嫌疑人，而是递给了他一支烟。被审讯了一天的犯罪嫌疑人这时已经很疲惫，面对瑞德递上来的烟自然很受用，自然而然地开始对瑞德心生好感。

接下来，瑞德就和这名犯罪嫌疑人聊起天来。犯罪嫌疑人在这样的气氛下也逐渐放松下来，之前的警惕性放低了一些。正在这样有一搭没一搭的聊天中，瑞德突然问道："你认识萨丽吗？"听到"萨丽"时，那名犯罪嫌疑人的手抖了一下。这是一个很细微的动作，但是还是被瑞德给捕捉到了。那名狡猾的犯罪嫌疑人自然也感觉到自己手部抖动的动作有些不适宜，就用弹烟灰的动作来掩饰。

瑞德紧紧抓住了这一时机，问道："你紧张什么？"犯罪嫌疑人马上进行了否认："我没有紧张。我刚才只是在弹烟灰。"瑞德说："我只是在问你紧张什么，并没有说你抖烟灰的动作是在说明你紧张。"那名犯罪嫌疑人听到瑞德这番话后并没有说其他的，只是很失落地低下了头。

瑞德很清楚，这说明犯罪嫌疑人已经放弃了抵抗，便乘胜追击继续说："你知道我说的这个萨丽是谁吗？她也是你所在的犯罪团伙中的一员，而且她还是你的女友。我们联邦调查局其实已经掌握了你们犯罪团伙的资料。只是需要得到你的证实，而且这样也有利于给你减刑。"就这样，在瑞德半威胁和半引诱的策略下，犯罪嫌疑人终于不再坚持，对所在犯罪团伙的成员和犯罪过程和盘托出。

这名犯罪嫌疑人的所有镇定和面对审讯人员的沉默都是伪装出来的。他的内心其实是非常紧张不安的，那个小小的手部颤抖动作就说明了犯罪嫌疑人内心的真实状态。而他一旦在与他人谈话的过程中露出了破绽并被对方识破，他这种伪装镇定的面具也就会被撕破，这时从他的口中套出实情就会变得很容易。

而那个犯罪嫌疑人熟悉的名字只不过是一个刺激源而已，为的就是能够促使犯罪嫌疑人在听到与自己息息相关的名字时，产生巨大的心理变化，以引起动作上的改变。谈判人员就可以从犯罪嫌疑人心理上的骤然变化入手，来得到更多有关的线索。

手部动作的突然变化其实表明这个人的思想和感情发生了极大的变化，所以需要用一些手上的动作来缓解自己这种紧张不安的情绪。因此，在谈判的过程中，谈判人员可以根据对方手部的突然变化来判断对方此时的心境变化，从而把握有利的谈判时机。一般情况下，这种手部的动作变化主要有以下三种：

（1）手上的动作由原来的静止或者很少做动作突然变得越来越频繁；

（2）手上的动作突然停止；

（3）原先经常使用的手部动作突然发生了改变。

同时，缓慢的缩手动作也应该引起谈判人员的注意，因为这说明此人有见不得人或者是不愿公布于众的秘密。在一个聚会上，一个人的妻子向其他人抱怨自己最近的财务状况很糟糕，因为他们家的钱总是不翼而飞。当这名妻子抱怨的时候，她的丈夫明显在渐渐地把自己放在桌面上的手慢慢地往回缩，直到放回自己的腿上。而后来事实也证明，他们家消失的那一部分钱被她拿来偷偷地借给了他的一个朋友。

延伸阅读：手的形状

人们都说手是人的第二张脸。在谈判的时候，首先看到的其实并不是对方的手部动作，而是对方手的形态。通过对对方手的形状的了解，可以大致估计出对方的性格，在接下来的谈判中也好为随机应变打下基础。

谈判专家通过对人的手形的研究得出这样一个结论：那些手指修长和纤细的人，在与人交往的过程中，往往会显得比较敏感，情感也很细腻。这样的人在谈判的时候就会显得很细心，而且尤为注意对方所表达出来的细节内容。所以，在与这类人进行谈判的时候，一定要多注意细节方面的问题，不要让对方因为一点小问题抓住不放。而且，在与这样的人进行谈判的时候，一定要在细节上打动他，只有通过细节，才能让他对你产生好的印象。

相反，那些手指粗短的人行事风格就比较不拘小节，这类人有着强烈的责任感，而且做事情追求有始有终。面对这样的人，在谈判的时候就要尽快地切入与工作有关的主题，因为这样会让对方觉得你这个人很有责任感。对于此类性格的人而言，他也比较喜欢这种直接切入正题的谈判方式，因为太多的准备工作会让他觉得烦琐。

喜欢留长指甲的人，占有欲非常强并且时刻准备着努力得到自己想要的东西。面对这样的谈判对手时就显得比较棘手。谈判人员一定要在谈判的过程中对这类人表示充分的尊重。因为长指甲在过去是一种身份地位的象征，只有那些五谷不分的贵族才可以留长指甲，而劳动者需要进行体力劳动，长指甲会影响他们的工作。所以，这类人在心底里十分厌恶别人对自己的轻蔑行为。在对这类人表示尊重的同时，一定要注意把握谈判的主动权，不要因为对方的占有欲就一味地忍让，这样只会让自己变得更加被动。

以上的情形只是针对一般情况，切不可照搬到现实中，这样只会适得其反，而是要根据具体情况灵活运用。

解读面部表情密码

当人们遇到外界的刺激时，首先会由神经支配做出情绪反应，而后才会出现所谓的理智动作，掩饰自己真实的情绪反应。而这个第一时间做出反应的情绪会在人们的面部表情上暴露出来，往往带有很大的真实性。所以，在进行交流的过程中，通过对对方面部表情的把握与解读，可以准确地掌握对方的心理秘密。

一个人在遇到某种刺激后，会出现一些细微的表情变化，虽然这些细微的表情变化能够真实地反映当事人的情绪和心理，但是人类的这些细微表情通常情况下只会持续 0.04 秒。所以，这就需要我们在观察对方的面部表情时，一定要做到迅速、及时地捕捉。

而谈判专家在审讯犯罪嫌疑人的时候，为能够更准确地把握犯罪嫌疑人的面部表情，就在每次审讯的时候把审讯过程用摄影机拍摄下来，然后再通过这些录影带仔细观察犯罪嫌疑人面部表情的变化。

谈判专家凯特在审讯犯罪嫌疑人的过程中，就问了对方一个极具挑衅性的问题，但是这名犯罪嫌疑人实在太过狡猾，凯特并没有从他的回答中捕捉到有价值的面部表情线索。相反，在这名犯罪嫌疑人回答凯特问题的时候，表现得很温和，凯特几乎都要认为他是无辜的。

在这次没有任何结果的审讯结束后，凯特私下里把审讯过程的录影带仔细观看了一遍。在观看的过程中，他注意到犯罪嫌疑人一个细微的表情动作，但是太快了，凯特没有从中发现什么。于是，凯特就把录影带倒回去并用四分之一的速度进行慢放。在这次慢放的过程中，凯特清楚地看到那名犯罪嫌疑人的面部表情完全发生了扭曲。在画面中，犯罪嫌疑人的鼻子向上皱起，面部肌肉是扭曲的，牙齿也露了出来，整个一副龇牙咧嘴的狰狞表情。犯罪嫌疑人的这个表情充分表达了他对凯特所提问题以及对凯特本人的恼怒和厌恶之情。

从放慢的画面中，凯特还注意到，当犯罪嫌疑人否定自己犯罪的时候，还偷偷看了凯特两眼，这说明犯罪嫌疑人在撒谎，他对自己所做出的否定回答非常不自信，所以才会抬头或者视线上移，观察凯特的面部表情变化，希望能从中了解到凯特对于他的答案的反应。通过对这名犯罪嫌疑人面部表情的解读，凯特在接下来的审讯中就有了很大的把握，并逐渐找到了案件的真相。

所以，在谈判的过程中，仔细观察对方的面部表情变化可以解读对方的真实内心活动。尽管人们的面部表情可以提供许多有意义的信息，从而让我们了解他人的真实想法和感觉，但是由于我们可以在一定程度上控制我们的面部表情，所以在我们解读他人的面部表情时一定要注意防范虚假信息的干扰。

眼睛——心灵之窗

眼睛是人们脸上最诚实的部位之一，因为眼部的肌肉为了保护眼睛免受外部的伤害，具有很强的反射性。我们可以通过这些反射性的眼部动作来进一步了解对方内心的真实感受。

一次，警方抓到了一名间谍。在审讯的过程中，这名间谍非常顽固，无论如何也不肯招供自己的同伙，甚至还做好了抵抗到死的打算。

为了尽快找到这名间谍的同伙，警方决定通过一些非语言的动作来收集有用的情报。接下来，谈判专家向这名间谍展示了32张照片，而这32张照片上的人当中很可能有与这名间谍一起工作的同伙。谈判专家要求这名间谍把自己所知道的这32张照片上的人一一介绍，并说出自己与他们的关系。

谈判专家在这名间谍叙述的过程中仔细观察他的面部表情，发现当这名间谍说到其中两个人的名字时，眼睛突然睁大，然后瞳孔迅速收缩，并轻轻地眯了一下眼睛。这种稍纵即逝的眼部动作恰恰表明了他心里紧张，并不希望看到这两个人。警方就根据这条线索去寻找间谍的那两名同伙。最后，这两名同伙被抓到了，并在审讯的过程中交代了自己的犯罪活动。

虽然大多数情况下，人们在遭受意外刺激时，所做出的面部表情基本上都是真实的，但是有些人还会用理智控制自己的面部表情，这就需要我们有一定的辨别真假的能力。

探员们接到了一个新的案子，在这起案件中，有两名已年过六旬的老人被人残忍地杀害。经过一番调查之后，探员把犯罪嫌疑人的目标锁定在了这两位老人的女儿身上。

通过调查，这位女士从小跟着自己的爷爷奶奶长大，在此期间她的父母对她不管不问，这就造成了她过于偏激的性格，只要是她想做的事情，她就一定会不择手段地去做，甚至还会把反对她的人当成敌人。在爷爷奶奶过世之后，她被迫回到父母身边生活，而且她与父母的关系一直很糟糕，不久之前他们之间还发生过一次激烈的争吵。

在审讯的过程中，这名犯罪嫌疑人一直保持沉默，她说得最多的一句话就是："我是他们的女儿，我是不会做出这样的事的。"但是，探员观察到这名犯罪嫌疑人的脸上并没有双亲过世后的悲伤表情，反而是一种事不关己的冷漠表情。

于是，探员们决定从她对双亲的感情反应入手。在谈论到这名犯罪嫌疑人小时候被爸爸打骂的事情时，她并没有显露出厌恶的神情，反而为爸爸说话。这让他们非常疑惑，但是接下来的这个问题，探员就可以肯定她是这起凶杀案的真正凶手了。

探员问道："你知不知道你父亲患有心脏病，而且在你 6 岁那年，你的一个举动差点要了他的命？"这名犯罪嫌疑人在听到这样的话之后，把眼睛瞪得大大的，表示自己的惊讶之情，很显然，她这样的表情本身并没有什么值得怀疑的地方。但是，探员在观看这段录影的时候，发现这名犯罪嫌疑人的惊讶表情维持的时间太长了，足足有一分钟的时间。

于是，探员分析，这名犯罪嫌疑人为了表明自己对父亲患有心脏病这一事实并不知情，所以故意做出了吃惊的表情，但是她忘了一点——那就是真正的惊讶表情是不会在脸上停留超过 10 秒钟的。而她蓄意的伪装，只能说明她在极力掩饰一些事实。探员就根据这条线索，在审讯的过程中对这名犯罪嫌疑人展开了心理攻势，最终证明她的确是杀害这对老人的真正凶手。

所以，在谈判的过程中，为了辨别对方面部表情的真伪，一定要注意对方面部表情的维持时间。谈判专家认为，通常情况下，真正的面部表情不会维持很久，任何反映内心真实活动的表情都不会在脸上停留超过 10 秒钟的时间。如果谈判人员发现对方的某一个面部表情持续时间超过了这个时限，那就说明他在用自己的理智伪装，进而达到自己的目的。

当人们被消极情绪控制时，比如遇到了自己不喜欢的人或事，人们一般都会眯起自己的眼睛。不过这种眯眼睛的动作维持的时间非常短暂，通常情况下只有 0.125 秒。

当人们被积极的情绪所笼罩时，比如我们遇到了自己喜欢的人或事，就会睁大自己的眼睛来表达欢喜之情。简单来说，一个人的眼睛睁得越大，就说明这个人对你的好感越强。

需要注意的是，人们瞳孔的收缩与扩张很可能与这个人的情绪并没有太大的关系，比如光线太亮，人们就会不由自主地眯起眼睛，而光线太暗，为了能更清楚地看东西，人们也会睁大自己的眼睛。所以，谈判人员在根据对方眼睛的变化来判断对方的情绪时，一定要注意这些因素，不要被误导。

眨眼的频率

警方在追捕一名犯罪嫌疑人的过程中遇到了极大的阻碍，因为这名犯罪嫌疑人躲到了他女朋友的家里。当警方上门询问的时候，这位女士一直否定那名犯罪嫌疑人在她的家里。于是，警方派出谈判对她展开了一系列的询问，在回答问题的过程中，这名女士虽然表现得很镇定，但是她的眼睛却出卖了她。

在谈话的过程中，谈判专家发现她眼睛眨动得越来越频繁，这就说明她很紧张，而造成她紧张的原因就是藏在她屋子里的犯罪嫌疑人。果然，在进行搜查的时候，在这名女士的床底下发现了这名犯罪嫌疑人。

由此可见，眨眼睛这样的动作也会真实地反映一个人的内心活动。当一个人感到兴奋、烦闷、紧张和忧虑的时候，眼睛眨动的动作就会大大增加。而当人们放松下来的时候，眼睛眨动的次数就会恢复正常的状态。

眼珠转动的方向与性格

在探员审讯一桩“虐囚案”的时候，其中被囚犯指控最多的就是一名叫约翰的监狱长。于是，联邦调查局决定对这个人进行一系列的调查。约谈的地点被定在了约翰的办公室。

当探员走进约翰的办公室的时候，首先被它的整洁和高雅所震惊。探员觉得这样整洁的办公室的主人和囚犯们所描述的脾气暴躁的监狱长并没有什么联系。

而且，在接下来的询问中，约翰一直保持着温文尔雅的态度。即使是在面对探员咄咄逼人的追问时，约翰也没有改变自己温和的态度。这样的约翰不禁让探员怀疑那些囚犯们的控诉只是空穴来风。

但是，让一名精明的老探员产生怀疑的是，约翰在与他们进行交谈的过程中会时不时地向右转动自己的眼珠。

曾经有一名大学教授做过一个实验，实验的结果表明，在回答他人提出的问题时，如果习惯向右转动自己的眼珠，那就说明这个人的脾气比一般人要暴躁很多，在对待人和事的时候也就会有很强的攻击性。相反，在回答他人提出的问题时，习惯向左转动眼珠的人脾气就稳定很多，在遇到不如意的人和事时，就会隐忍自己的愤怒，不会表现出自己的攻击性。

于是，老探员觉得约翰其实是一个脾气相当暴躁的人，为了应付对他的调查，他就用温文尔雅的态度来伪装自己。俗话说："江山易改，本性难移。"一个人的性格是需要很长时间才可以形成的，要想改变并不是一朝一夕就可以做到的。所以，老探员决定在接下来的谈话中，用非常具有挑衅性的、不客气的语气去激怒约翰。果然，约翰实在无法演下去了，在老探员面前把自己暴躁的脾气发挥得淋漓尽致。

所以，在谈判的过程中，我们可以通过对对方眼珠转动方向的观察来判断这个人的性格，也可以通过对方眼珠的转动来得知对方对自己所提要求和建议的情绪反应。

眉毛的变化

在美国纽约的一个小镇上曾经发生过一起凶杀案，探员在案发现场进行勘查的时候，一名叫亚伦的少年指控一名叫伯特的少年杀了玛丽（被害人）。亚伦还告诉探员说："伯特是我们当地一个有名的小混混，他在追求玛丽。而且，最近几天我看见他们之间发生了激烈的争吵。"

探员根据亚伦的这一指控，很快就与伯特进行了约谈。在得知玛丽去世的消息时，伯特双眉紧紧皱起，眉头下压，嘴角下撇，很明显这是一种悲伤的表情。接下来，探员又向伯特描述了玛丽被害的惨状，进而观察伯特的面部表情。探员发现伯特的眉头越来越紧皱，而且眼神也逐渐暗淡下去，这说明伯特对于玛丽的惨死很悲伤。探员通过仔细观察，觉得伯特的悲伤并不是伪装出来的。于是，探员把怀疑的对象放在了贼喊捉贼的亚伦身上。

很快，探员与亚伦进行了约谈。探员首先问亚伦："你为什么觉得伯特是通过那棵树进入玛丽的房间的？”

亚伦：“因为那棵树离玛丽的房间很近，这样不会被其他人发现……”

在给出这番说辞的时候，探员观察到亚伦的双眉向下压，眉头却扬起，而且眼神也变得闪烁不定，这是一种警觉的状态。

探员继续发问：“你为什么不觉得从楼道里进入玛丽的房间也是合理的？”

亚伦有些慌张地说道：“因为楼道里安有摄像头。”

探员：“据我所知，这里的楼道里并没有安装摄像头。但是在案发之前却有了摄像头，而且摄像头的位置还对准了玛丽的房间，这就说明凶手是为了更好地观察玛丽房间的位置而安装了摄像头。而据我们调查，之前和玛丽发生争吵的人并不是伯特而是你。所以你才是凶手。”亚伦只好对作案的事实供认不讳。

眉毛在某种程度上也可以真实地反映一个人的情绪。通常，当一个人感觉到焦虑、悲伤、专注、担忧、不知所措或者生气的时候，就会紧皱眉毛。

在与人进行交流的过程中，如果对方对于你所陈述的事实表示怀疑和不信任的时候，通常就会扬起一条眉毛。这就需要你拿出更有力的证据来让对方相信你所说的话，只有消除对方对你的疑虑，才能够赢得对方的信任。而当对方出现了两条眉毛都上扬的面部表情，这就说明对方对你所说的话不仅仅是怀疑，而是感到非常吃惊。

受情绪支配的嘴部动作

在面部表情中，嘴部的动作也可以为我们提供丰富的情绪信息。当人们感到愉悦的时候，嘴角就会向上扬起一个好看的弧度，而这就是微笑；当人们感到不高兴的时候，嘴角就会向反方向运动。但是，由于理智的控制，人们微笑的表情并不一定代表愉悦的心理状态。这就需要我们在谈判的过程中，分得清真笑与假笑的细微差别。

当人们微笑是为了表达自己愉悦的心理的时候，嘴角就会向眼睛的方向上扬，进而带动眼部的肌肉动作，简单来说，就是嘴角上扬的幅度比较大，而这就是所谓的真笑。而当人们遇到了自己并不喜欢的人与事的时候，出于礼貌也会象征性地微笑一下。这种微笑的嘴角只是被拉到了与耳朵水平的方向，而且眼睛中也没有任何感情，这就是所谓的假笑。

当人们遇到压力或者麻烦的时候，就会把自己的嘴巴藏起来，也就是"加压嘴唇"。这常常是一种消极的情感反应。但这并不能说明做这个动作的人在说谎，只是表明他现在所面临的巨大压力。而且，这样的动作一般不会刻意表现，只有在被压力、焦虑和苦恼等不良情绪控制时，才会出现。

舌头发出的信号

虽然在面部表情中舌头并不会经常出现，但是人们还是会无意识地用舌头的动作来缓解自己的情绪。而舌头所发出的信号，可以为我们提供大量有关对方真实心理活动的信息。

当一个人感到有压力的时候，就会变得口干舌燥，这个时候一般会用喝水来缓解自己的这种压力。但是，当没有水可喝的时候，就会用舌头舔舔嘴唇。所以，当一个人出现了舔嘴唇的动作时，并不一定表明他生理上的口渴，而只是用来缓解自己受到巨大压力后的焦虑情绪，然后达到自我安慰的效果。

当一个人发现自己做了不该做的事情，或者侥幸做成某件事情的时候，就会把自己的舌尖露出来，也就是吐舌头。但是，也要根据具体的环境来揣测对方这一动作背后的心理动机。

张大的鼻孔

当一个人情绪非常高涨的时候，会出现鼻翼扩张的动作，也就是鼻孔张大。比如，一对热恋中的情侣在一起的时候，就经常会出现鼻孔张大的动作，这是因为在热恋的过程中，人们是极端兴奋和充满期待的。

当你处在一个紧张和危险的环境中时，一定要多注意对方鼻孔张大的动作，因为这样的动作往往说明对方要有所行动。比如，当人们准备打架和争论的时候，就会无意识地张大自己的鼻孔。在日常生活中，当我们准备跑步或者做其他运动之前，也会做出鼻孔张大的深呼吸动作。

下巴与心理变化

在进行交流的过程中，一个人下巴的动作通常会真实地反映一个人的心理变化。

当人们处在某种积极状态的时候，就会情不自禁地抬起自己的下巴，这是一种自信的表现。但是，这样的动作往往会给人一种高傲的感觉。在谈判的过程中，如果一方认为自己在谈判中占据了优势地位，就会做出抬起自己下巴的动作，给人一种仰视的错觉，而且在特定的场合，还代表一种挑衅的意味。

当人们被消极的情绪所笼罩的时候，就会压低自己的下巴，这是一种不自信和担忧的表现。但是，压低和收缩下巴也可能表现了这个人对对方所说的话持一种怀疑的态度。当一个人对某件事情不赞同的时候，也会做出压低下巴的动作，同时还伴有眼球向上翻的动作。

警察局接到了一个团伙作案的案件，但是在审讯的过程中，6名犯罪嫌疑人非常顽固，不论审讯人员怎样讯问，他们都不开口。

不过，一名细心的审讯人员发现，在这6个人当中，其中一个人总是把自己的下巴高高抬起，一副趾高气扬的样子。于是，这名审讯员判定，这个神态傲慢的犯罪嫌疑人肯定是这6个人当中的头目。

审讯员单独对这名犯罪嫌疑人进行了审讯。在审讯的过程中，审讯员告诉这名犯罪嫌疑人："你的同伙已经招认了自己的罪行，而且他们一致指认你就是他们这个犯罪团伙的头目。"那名犯罪嫌疑人一听，感到很气愤："这群没良心的兔崽子！"于是，他觉得自己一个人顽抗下去也没有任何意义，就说出了案件的真相。

最诚实的腿脚

谈判人员杰克接到了询问一名恐怖事件知情人的任务。但是，他们已经持续几个小时与对方谈话，都无任何结果，因为这名知情人表现得十分镇定，不仅把谈判员所提的问题回答得无懈可击，而且伪装得非常自然。谈判员完全无法从他的面部表情上找到任何有用的线索，就这样，审讯陷入了僵局。这名知情人表示：“如果你们没有证据的话，就应该让我离开这个鬼地方！”

这时，杰克敏锐地发现这名知情人有一个明显的破绽，那就是他一直在不停地晃动自己的双腿，但是这并不能说明什么，知情人也会辩解这只是自己习惯性的动作。于是，杰克决定问知情人一个关键性的问题，同时观察他腿脚的变化。

杰克问：“在这次恐怖袭击中，你是不是在案发现场？”就在这名知情人听到这个问题的一瞬间，他的腿发生了迅速的变化。杰克注意到他的腿部动作由原先的晃动变成了上下踢动。虽然知情人很快就给出了否定的回答，但是杰克从他腿部的突然变化已经推断出他肯定知道恐怖案件发生的细节。

于是，杰克就以这条线索为突破口，对这名知情人展开了尖锐的讯问。最终，杰克从这名知情人的口中得知了恐怖案件的详细信息。

在谈话过程中，一个人的腿部动作由原先的左右晃动突然变成了上下踢动，那就说明这个人一定听到了让自己不高兴或者不愿意听到的信息。这样的肢体语言往往连当事人自己都注意不到，因为这完全是一种无意识的行为。

在所有的肢体语言中，最为诚实的肢体语言就是腿部和脚部的动作。在人们解读一个人身体语言的时候，往往会从面部表情下手。但是，事实证明，人们的表情语言大多会受到大脑的支配，从而传达出一种虚假的信息。而腿部和脚部的肢体语言就没有那么好掩饰了。

如果说一个人已经学会用理智控制自己的面部表情的话，那么他将要花费好几倍的时间和精力来学习用理智控制自己的脚部和腿部的肢体语言。即使这样，也不一定能够完全用理智来控制腿脚的动作。

所以，在注意一个人肢体语言的时候，应该先从这个人的腿脚部位下手，然后再逐一向上进行观察，最后再解读最容易被理智控制的面部表情。这样，你就会发现一个有趣的现象，一个人肢体语言的诚实度会随着你目光的逐渐上移而减少。

为什么腿脚会如此精确地反映一个人的内心活动，而且不容易被理智所控制呢？就是因为腿脚相对于其他部位的肢体语言更接近我们大脑中的无意识。事实证明，当某一事物越接近一个人的无意识，这个人的理智就越难发挥作用。

在人类还处在野蛮状态时，人们还没有语言，就连面部表情都很少。但是，人类的腿脚却能够根据周围的环境做出迅速的反应，而这种反应是出于一种本能，并不受大脑的控制。比如，当一个野蛮人感觉到有野兽侵袭的时候，他会本能地撒开腿准备逃跑，而不会进行所谓的理智思考。

我们的腿脚会在我们需要的时候做出必要的、无意识的反应：停下来、逃跑或者攻击对方。这样的条件反射是从我们祖先的集体无意识中传承下来的，对我们来说非常实用，所以至今还准确地反映着人们真实的内心活动。

随着人类文明的发展，虽然很多肢体语言都会在受到特殊训练的情况下被理智所控制，从而做出对自己有利的肢体反应。但是，腿脚的肢体动作却很难被理智所控制。这是因为，腿脚的肢体动作和反应太过古老与久远，已经根深蒂固地植根于我们的本能之中。

例如，当我们遇到危险的时候，我们还会像我们的祖先那样做出以下的腿脚反应：首先会稍作停顿，也就是冻结反应；随后会摆出想要逃跑的姿势，也就是把身体的重心转移到一条腿上并微微向前倾斜；最后，如果我们意识到危险无法逃开，只能面对的时候，我们就会进入踢腿的备战状态，也就是做出具有攻击性的腿脚反应。

快乐的腿脚

杰森是一家公司的人力资源主管。他就利用对下属腿脚部位动作的观察来处理日常工作中的问题。有一次，杰森为公司选拔海外任职人员的时候，他问其中的一名应聘者是否愿意去中国香港工作。在那名应聘者没有回答问题之前，杰森注意到他的腿脚由原先的静止状态变得活跃起来，不停地进行摆动和颤抖。但是，他的表情却依然十分淡定，上半身的肢体动作也没有太大的变化，总之显得很镇定，并没有让自己的喜悦之情溢于言表。随后，杰森就得到了这名应聘者肯定的回答。

后来，杰森问这名应聘者是否愿意去印度或者新加坡的时候，注意到这名应聘者活跃的腿脚动作突然停顿下来，这显然是一种不高兴的冻结状态。于是杰森问这名应聘者："你为什么不愿意到印度或者新加坡工作？"应聘者很惊讶："你怎么知道我不愿意到印度或新加坡工作？我表现得很明显吗？"杰森："不，我只是感觉到你似乎并不喜欢印度或新加坡。"应聘者：“的确如此，我不想去印度或新加坡，因为那里对我来说很陌生。相反，我在中国香港有很多朋友，所以我想去香港工作。”很明显，杰森就是通过这名应聘者腿脚部位的动作反应，来判断对方对自己工作安排的喜好程度和感觉的。

在一个人被愉悦的情绪所笼罩的时候，他的腿脚就会出现摆动或者颤动的动作。尤其是当一个人突然听到或看到一些让自己非常兴奋或愉悦的事物时，这样表示快乐心境的腿脚动作就会突然出现。

这种摆动和颤动的腿脚动作往往会很可靠地表达一个人的快乐情绪。比如，当一位在外地出差的年轻母亲突然接到了家人的电话并从电话里听到孩子的声音，她的腿脚就会由原来的安静状态变得活跃起来，开始使劲地晃动。这恰恰说明了她接到家人电话的喜悦之情。

当一个人在谈话的过程中，如果不自觉地一只脚向上跷起，那就说明这个人很快乐，他一定遇到了什么让自己愉快的事情。

在进行谈判的时候，桌子之类的障碍物往往会遮挡住谈判人员对对方腿脚动作观察的视线。这个时候，就需要谈判人员仔细地观察对方的衬衫和肩膀。因为当一个人快乐地晃动自己的双脚的时候，他的衬衫和肩膀也会发生晃动和上下颤动。尽管这样的动作很细微、不易觉察，但是只要细心观察，还是可以捕捉到对方快乐或得意情绪的蛛丝马迹。

但是，颤动或晃动的腿脚动作并不一定会随时反映一个人的快乐情绪。比如，一个人是先天的神经过敏足（多动脚综合征的一种），那我们就不能从他晃动或颤动的腿脚动作里判断他此时是快乐的，因为这样的人只要坐下来，就会经常性地晃动或颤动自己的腿脚。

而且，在判断一个人晃动或颤动的腿脚是否表达他的快乐情绪时，也要根据这个人所处的具体环境来判断。在某些时候，晃动或颤动的腿脚还会反映一个人不耐烦的情绪。比如，当快要下课的时候，许多学生就会烦躁地频繁晃动自己的腿脚。

突然的停顿

当一个人在不停地晃动自己的双脚，却突然停顿下来的时候，那就说明他听到或看到了一些不利于他的信息，这样的信息给他造成了一定的心理压力。所以，他的本能使他的腿脚出现了这样的冻结模式。

当谈判人员面对对方冻结的腿脚动作时，一定要进行思考，是不是自己的某一句话或者是问到的某一个问题刺激了他的敏感处。而这之中就包含着一些对方不愿示人的秘密信息。所以，对方才会无意识地做出腿脚冻结的动作。而且，腿脚冻结的动作还是一个人面对他自己认为的危险境况时的一种肢体反应。

逃跑的腿脚

（1）在谈判的过程中，如果对方做出了以下动作：双手按住膝盖部位并将身体的重心放在脚上，那就说明对方对你所说的内容感到不耐烦，这个时候就要适当地结束谈判了。

（2）当一个人的脚静止地平放在地面上的时候，突然摆出了“起跑的姿势”，也就是脚跟从原先平放在地面上的状态开始轻微抬起。这就说明你给这个人的感觉很不舒服，他想离你远一点，也就是说这个人想要离开或逃走。

（3）在谈话过程中，当一个人的脚突然相互并拢或者脚趾转向内侧的时候，那就说明这个人感觉到了一种威胁和不安全，他并拢的双脚其实就是准备逃跑的前奏动作。

脚的方向

罗伯特与一名客户进行商业谈判，谈判进行得很顺利，双方也聊得很投机。但是，罗伯特却突然注意到客户的一只脚的方向指向了会议室的门口，而且与他的身体正好成 90° 角，看起来就好像随时准备离开一样。

于是，罗伯特就问这位客户："您是不是有什么很急切的事情要办？"客户首先吃了一惊，随后抱歉地回答："的确如此。虽然这样很不礼貌，但是我必须尽快离开。因为我飞往伦敦的飞机就要起飞了，我在伦敦还有一场重要的商业会议。"罗伯特表示了理解，就主动让客户离开了。而客户对于罗伯特的善解人意表示了由衷的好感。

所以，在与人交流的过程中，对方脚的摆放方向也可以真实地反映这个人的心理动态。在交流的过程中，如果一个人的脚移动并指向了某一方向，那就说明这个人想要离开了，而他的脚所指向的方向恰恰就是他想要去的方向。

对方之所以会做出这样的动作，可能是对方还有其他很急切的事情要去做，不得不离开；也可能是对方对你所谈的内容感到厌烦，不想再听下去了；或者是对方对所处的环境感觉到了危险或威胁，所以想要离开。

同时，谈判人员还可以通过对方脚的方向来判断对方是否喜欢你。因为我们在与人交流的过程中，常常会把自己的身体转向喜欢的人和事物，而这个时候，脚的方向也会指向他所喜欢的对象。

比如，当两个人在交流的时候，如果另一个人想要加入他们之间的谈话，就会先打个招呼。这个时候就可以观察这两个人的脚部动作。如果这两个人移动自己的脚并指向第三者的时候，那就说明他们很高兴这个人加入；如果这两个人只是礼貌性地把身体转过来，打了个招呼，而脚部并没有其他任何明显的动作，那就说明他们不希望这个人突然闯入他们的谈话。

叉开的腿脚

在与人进行交流的过程中，如果出现了对峙的局面，那么双方就会下意识地把自己的腿脚叉开，这是一种提升自己气场和威信的表示，是为了向对方表明自己才是这里的主导。其实，这是一种“捍卫领地”的表现。通常，当一个人想要战胜另一个人的时候，就会下意识地叉开自己的腿脚。这也反映了这个人内心积蓄的消极情绪。

所以，在谈判的过程中，谈判人员一定要敏感地观察对方这种不高兴的腿脚叉开姿势，从而适当地调节这种紧张的气氛，使谈判顺利地进行下去。否则，双方很可能会发生争吵，使谈判无法继续下去。

当然，在必要的时候，为了树立自己的威信也可以采用这样的腿脚叉开动作来向对方传达一种不可侵犯的威严信号。

第六章

赢得谈判
——把握谈判潜规则

谈判中的潜规则不可不知，它是你征服谈判对手的利器。如何找到对方的弱点，一击必中？处于不利地位的时候，如何以弱胜强、扭转乾坤？如何使用胡萝卜和大棒，让对方乖乖就范？跟谈判专家学一学吧！

学会“二选一”的提问方式

非法进行恶意信息传播的加文被带到了警局接受审讯。但是，在整个审讯的过程中，加文表现得很顽固，无论如何就是不承认那些恶意的信息是自己发到网上的。

无奈之下，审讯员威廉只好采用“二选一”的方式进行提问，希望加文能够认识到不同行为之间的不同刑罚。

威廉：“你说网上那些违法的恶意信息并不是你传到网上的，可是我们的确在你的电脑里查询到了这些信息。这也就说明这些信息可能是你恶意制造的，也可能是你在下载其他文件的时候意外地下载了这些违法的恶意信息。”

加文自然会选择那个罪行较轻的“可能”：“有可能是我在下载其他信息的时候，不小心下载了这些非法的恶意信息。”

威廉：“那也就是说，你最近接触过关于恶意宣传非法信息的网站。那你是故意进入这样的网站，还是在意外的情况下进入，发现是非法信息网站后就马上关闭了？”

加文：“我是不小心进入的，但是我发现那个网站是关于传播不良信息的，就马上关闭了。”

威廉：“也就是说，你点击过传播非法信息的网站。那你在接触到这样的非法信息后，是故意传播出去的，还是因为好奇心不小心把这些非法信息传播了出去？你要明白这其中的利害，如果你是故意危害国家安全的话，那受到的刑罚就会很重；如果你是不小心，那就另当别论了。”

加文：“有可能是不小心传播了出去。”

就这样，加文在威廉的“二选一”的提问方式中，逐渐承认了那些恶意的非法信息是自己传播出去的。

这种“二选一”的提问方式，就是为了让对方陷入避重就轻的选择之中，而逐渐承认自己的罪行。因为如果仅仅是普通的提问方式，肯定会遭到对方的直接否认。

这种“二选一”的提问方式比较适合那些顽固并且不愿合作的对象。因为这样的提问方式根本就不给对方提供拒绝的机会，只是给对方提供了一个选择的机会。而对方无论做出怎样的选择，其结果都比直接拒绝回答更有利。

比如，在我们买东西的时候，销售人员不会直接问我们“买还是不买？”这样的问题，因为这样就有被拒绝的可能。销售人员会问：“您是买A种产品呢，还是买B种产品？”面对这种“二选一”的选择性问题，我们的第一反应并不是拒绝，而是选择。而无论顾客是选择A还是选择B，对于销售人员来说都是有利的，因为他把自己的产品销售出去了，就已经达到了目的。所以，“二选一”的提问方式可以大大降低对方拒绝自己的概率。

但是，“二选一”的提问方式一定要在恰当的时间使用。如果谈判没有进行到最后的阶段，最好不要使用，因为这样会很容易遭到对方的拒绝。

试想，如果威廉在审讯一开始的时候就对加文进行“二选一”的提问，极有可能导致加文拒绝选择：“都不是。”这样的话，就会使整个审讯陷入僵局之中。相反，如果有之前的审讯作为前奏的话，加文在面对这样的问题时，进行选择的可能性就会大大增加。因为这个时候，加文已经被之前的审讯搞得很疲惫，警惕性也就会相对降低。

短袖衬衫与谈判气场

保罗在参加一次商业谈判的时候，由于天气太热，就穿了一件短袖衬衫。为了表示自己对谈判对手的尊重，他还特意穿上了自己最近新买的一件名牌短袖衬衫。

在谈判的过程中，保罗明显觉得自己的气场要比对方矮一截，只是因为对方穿的是一件长袖衬衫。就是因为这样一件短袖的衬衫，让保罗在这次谈判的过程中，把谈判的主动权拱手相让。

在谈判的过程中，着装也是很重要的一项。因为着装的不同会留给对方不同的印象，也会影响接下来的谈判效果。虽然，在谈判过程中穿短袖衬衫会给人一种随和的感觉，但也会让人在谈判的气场上逊色很多，往往会被对方所轻视。相反，如果在谈判的过程中穿长袖衬衫，就会给人一种比较严肃的感觉，而且也显得正规和具有专业性。

所以，在进行谈判的时候，谈判人员一定要注意自己的着装。即使天气很热，也不要穿短袖衬衫，因为你会在身着长袖衬衫的对手面前抬不起头来，会在气场上大大逊色于对方，在接下来的谈判中，就会处于非常被动的位置。

掩饰真实意图

日本某家公司由于资金短缺，急需和美国的一家公司进行商谈，希望美国的这家公司能够买下自己的产品，从而顺利地度过这次资金危机。

美国公司的谈判代表得到了日本公司面临破产危机的消息，希望可以在谈判中迫使对方以最低的价格出售产品。但是，这家日本公司的老总也面临进退两难的选择：如果不卖，公司的资金就无法周转，而公司很可能就会因此破产；如果以低价卖给美国公司，那公司就会因此元气大伤，很可能也会面临倒闭。所以，这家日本公司的老总内心非常矛盾。

在谈判的过程中，日本公司的老总很善于隐藏自己内心的真实意图，当美国公司的代表提出以低价收购日本公司产品的时候，日本公司老总并没有正面回答美国公司谈判代表的问题，只是若无其事地对随从人员说道："你去看一看飞往韩国的机票是否准备妥当。如果机票已经准备好了，就尽快安排一下，我们要马上飞往韩国，那里还有一大笔生意等着我们。"

日本公司老总的这番话是故意说给美国谈判代表听的，他想通过这番话向美国的谈判代表传达这样一个信息：美国公司的这笔生意对我们来说是无所谓的，我们更看重的是韩国的那笔大生意。实际上，这笔关于韩国的大生意是子虚乌有的，日本公司老总的内心是很急切地希望美国公司收购他们的产品的，但是他并没有表露出自己的真实意图。

听到这番话的美方谈判代表变得慌张起来，因为他实在摸不清日方老总的真正想法。在谈判结束之后，美方谈判代表就赶紧和总公司进行联系，把他所遇到的状况向总经理进行了汇报。在双方进行了一番商讨之后，美国公司决定以较高的价格购买这家日本公司的所有产品，因为他们公司急需这批产品。

在谈判过程中，双方都会或多或少地掌握一些关于对方的信息，然后依据所掌握的信息做一个初步的判断，并在谈判的过程中加以使用。就像这位美国谈判代表，在谈判之前掌握了日本公司濒临破产的消息，从而希望在谈判的过程中利用日本公司急需这笔资金的困境来刻意压低产品的价格，从而让自己获得更大的利益。

如果日本公司的老总没有隐藏自己的真实意图，那他就会在这次的谈判中损失很大的利益。相反，日方老总巧妙地掩饰了自己的真实意图，这就让对方产生了一种自我怀疑，认为之前所得到的信息并不可信。这样一来，日本公司的老总就能在这次谈判中占据主动地位。

事实上，人性中有这样一个简单的事实，那就是人们的第一直觉往往来自表面现象和第一印象，而表面现象也往往被人们当成事实来相信。所以，美方谈判代表就被日本公司老总这种淡定的姿态所迷惑，从而动摇了立场。

在谈判过程中，表面上提出一个违背自己主观意愿的主张，可以使对方陷入厘不清头绪的混乱之中，从而在算计中犯错。像日方公司老总故意在美方谈判代表的面前说自己要去韩国进行一大笔生意的商谈，这样就让美国的谈判代表陷入迷惑之中，从而在权衡利弊的情况下，做出以高价购买日本公司产品的错误决定。

所以，在谈判的过程中，谈判人员利用言不由衷的误导信息，从而成功地隐藏自己的真实意图，实现自己所希望达到的目的，这就是放烟幕弹、虚张声势的巨大威力。

软硬兼施

哈默是一个性格古怪、脾气暴躁的富翁。有一次哈默想购买一大批汽车，随后他就联系了当地一家颇有名气的汽车制造厂进行商谈。在谈判进行之前，哈默准备了一份列有33项要求的协议书，其中有几项哈默硬性要求对方非要满足不可。

在谈判的过程中，由于哈默的脾气非常暴躁，与汽车工厂的谈判代表起了好几次冲突。这是因为哈默的强硬态度让对方十分气愤，整个谈判充满了火药味。

哈默坚持汽车工厂必须履行自己所列的33项合同条款，尤其是第五条至第九条必须严格遵守。而汽车工厂的谈判代表觉得哈默所提出的这些要求实在太过分，就提出更改条款的要求。哈默坚持自己的要求，毫不退让的态度彻底激怒了汽车工厂的谈判代表。于是，双方相互对峙起来，谁也不让谁，谈判就这样陷入了僵局。

在谈判不欢而散后，哈默觉得自己绝对不可能再和那位谈判代表坐在同一张谈判桌上了，而且哈默也意识到自己暴躁的脾气实在不适合进行谈判。于是，哈默决定下次谈判的时候，选择一个性格温和的人代替自己去参加谈判。在谈判代表去参加谈判之前，哈默交代道："你只要能够争取到第五条至第九条的要求就可以了。"

谈判的最终结果出人意料，因为哈默选择的那名谈判代表不仅成功地完成了谈判，而且汽车工厂的谈判代表居然同意了哈默所列出的33项条款中的30项，这其中自然包括了哈默强调的第五条至第九条的硬性要求。

对于这样的谈判结果，哈默感到很吃惊，他好奇地问那名谈判代表是如何完成谈判任务的。那名谈判代表说："这很简单，每当我的要求和对方的主张相持不下的时候，我就会对他说：'你是希望和我一起解决这个问题，还是留给哈默先生亲自来解决？'当对方听到这句话之后，就会较为爽快地答应我所提的要求。"

在谈判的时候使用软硬兼施的策略是指，在原则性的问题上毫不让步，但是可以在细节上灵活变通。在谈判的过程中，面对咄咄逼人的对手，可在坚持原则的前提下做一些顺水推舟的让步，等到对方锐气减退时，自己再发动反攻，力争反败为胜。

软硬兼施的策略通俗地讲，又叫作"红白脸"策略。软硬兼施在具体实施中有两种做法：其中一种就是由两个人分别扮演红脸和白脸，就像哈默和他的谈判代表。在谈判过程中，哈默显然扮演了"白脸"的角色，而他所选的那名谈判代表则扮演了"红脸"的角色。两人一硬一软的谈判风格轮流上场，最终顺利达到了自己想要的谈判结果。

哈默与谈判代表进行谈判的时候，其暴躁的脾气和强硬的态度已经引起了对方的反感，而且与哈默进行谈判的时候，对方还感觉到了一种来自哈默的无形压力，这种种原因都使对方不想和哈默继续谈判下去。但是，哈默的谈判代表的出场，却使原来紧张的谈判氛围瞬间放松下来，对方会感到很轻松，在谈判的过程中也就比较容易答应哈默的谈判代表所提出的要求，尽管是和哈默同样的要求。

而另一种软硬兼施的做法就是由一个人同时扮演红脸和白脸的角色。

在使用软硬兼施的策略时，一定要注意谈判的地点。尽量在对方的地盘上进行谈判的时候使用，因为首先出场的“白脸”是为了达到激怒对方的目的，并不是为了赢得谈判，只是为“红脸”出场做铺垫。在对方的地盘上“撒野”的时候，虽然对方会因为你的不礼貌而感到非常愤怒，但是对方会因为在自己地盘上有一种潜在的安全感，从而觉得这并没有什么不可以的，也就会接受下次的谈判。

如果谈判的地点是在自己的地盘上，那就不要再使用软硬兼施的策略。因为对方很可能会因为“白脸”的首先出场而被彻底激怒，从而拒绝与你进行下一次的谈判。你们之间的谈判关系也就会因此而结束。

找到对方的软肋

谈判的过程其实就是一个说服对方满足自己要求的过程。而谈判的对手是人，人是一种有感情的动物。这种感情就是对方的软肋所在，所以在谈判的时候，从对方的感情下手往往可以取得意想不到的良好效果。

斯嘉丽是一家报社的记者，有一次她接到了采访一家公司总裁的任务。她非常希望能够在这次的采访中获得更多关于这位总裁的详细资料，然后写一篇不错的报道。

斯嘉丽与这位总裁约定了见面的时间。在斯嘉丽和这位总裁交谈的过程中，一名年轻的助理进来告诉总裁：今天没有新的邮票可以给他。听到这个消息之后，总裁表现得十分失望。总裁向斯嘉丽解释道："我的儿子最近突然对收集邮票十分感兴趣，他拜托我每天为他收集一种邮票，不然的话就会大吵大闹。看来我今天又有头疼的事情了。"

斯嘉丽很快就把话题转移到正题上，但是总裁面对斯嘉丽的提问总是采取一种漫不经心的回避态度，不给斯嘉丽一个明确的答案。很明显，总裁并不想接受斯嘉丽的采访。这场不愉快的交流很快就结束了。

采访结束之后，斯嘉丽一直在想到底从什么问题切入才能够得到自己想要的信息呢？斯嘉丽忽然想到在之前的采访过程中的那个小插曲。于是，她决定先从这位总裁10岁的儿子入手。斯嘉丽想到自己报社的一位同事，他专门收集报社接收到的来自世界各地信件上的邮票，于是她就去请那位同事帮忙，希望可以从那位同事那里得到一些不容易见到的邮票。那位同事很大方，给斯嘉丽提供了一整套的邮票。

在下次采访的时候，斯嘉丽就把这套邮票送给了这位总裁。当总裁看到这套邮票的时候，眼睛明显亮了起来，显得很兴奋。总裁向斯嘉丽表示了感谢："这下我的儿子就不会再向我发脾气了。他一定会说：'老爸，我爱死你了！'非常感谢你能够为我提供这些珍贵的邮票。"

在接下来的时间里，斯嘉丽和总裁愉快地聊起了邮票。虽然这次采访的大部分时间都花费在了邮票的话题上，但是得到的收获却比上次多得多。通过这次采访，斯嘉丽收集了许多有关总裁私人的详细资料，为她的采访报道积累了大量的素材。

斯嘉丽之所以能达到自己预期的目的，就是因为她善于从对方的软肋下手，即以对方对儿子的感情为采访的切入点。虽然表面上邮票与斯嘉丽的采访并没有直接关系，但实际上却能赢得对方对她的好感与信任。在接下来的采访中，对方也就更愿意为斯嘉丽提供详尽的信息资料，使其达到了自己的采访目的。

由此可见，在谈判的过程中，从对方的软肋——感情切入，往往会很容易达到自己想要的预期目的。因为从对方的感情切入，能得到对方的好感，对方会觉得你很关心他。所以，在谈判的时候即使是遇到针锋相对的紧张局面，也不要忘记多多关心对方的感情需要，而这正是让你赢得谈判的关键所在。

以弱胜强

狱警强行取走了一名被单独监禁的犯人的鞋带和腰带，因为狱警怕这名犯人因为一时想不开而发生自杀或自残的行为，这样自己就会遇到一些不必要的麻烦。

这名犯人不耐烦地在监狱的房间里走来走去，突然之间他闻到了从窗户外面飘来的香烟的味道。这使得原本就烦闷的他更加烦躁起来，因为他的烟瘾犯了。于是，犯人就大声喊叫，把狱警吸引了过来。

当狱警过来之后，犯人向狱警表示自己想要一支香烟。狱警对于犯人的要求显得很恼火："我们的法律并没有规定要给犯人提供香烟，所以你就别痴心妄想了。你最好老实点，不要再打扰我吸烟的兴致！"说完，狱警就准备转身离开。

从表面上看，这名犯人是不可能从狱警那里得到自己想要的东西的。因为在这场不公平的谈判中，犯人完全处于一种非常被动的位置。他只能接受狱警的安排，而不能向狱警提出要求。但是，这名狡猾的犯人很快就意识到了自己的"实力"——法律上对罪犯人身安全的保障。

于是，这名犯人就根据这一点来威胁狱警："你最好在一分钟之内给我一支点燃的香烟，不然你就会有大麻烦了。"

狱警对于这样的威胁感到很好奇："你一个手无寸铁的人，怎么给我制造麻烦？”

犯人威胁道：“如果你不照我说的做，我就用自己的头去撞墙，直到撞得血肉模糊为止。然后就会把监狱长吸引过来，根据法律对犯人人身安全的保障，我会接受治疗。等我清醒过来后，我就会控告你，说你虐待囚犯，在我手无缚鸡之力的情况下，用我的头撞墙并致使我陷入了昏迷的状态。这样，你不仅会丢掉工作，还会因此而吃官司。”

狱警不屑地说道：“你认为典狱长会相信你的谎言吗？”

犯人自信地说道：“虽然典狱长会怀疑我所说的不一定是事实，但是他们还是会做一些必要的调查。到时候，你的平静生活将被打乱。你会和我一起参加全部的审讯，你还得费尽口舌，到调查委员会那里解释自己的无辜。不仅如此，你还会因此填写一些为你自己申冤的报告和调查表，而且，你的长官也会因此而质疑你……所有的这些麻烦全是因为你不肯为我提供一支香烟造成的。

“而为我提供一支香烟，对你来说只是举手之劳的事情。你只需要从你的口袋里拿出一支香烟，然后用你的手指轻轻按动打火机点燃，再递给我就可以了。这只需要你花费不到一分钟的时间，但是却为你省去了以后的许多麻烦。所以，为我提供一支点燃的香烟对你来说是十分有益的举动。”

狱警听完犯人的这番话后，觉得很有道理，就点燃了一支香烟并递给了犯人。

虽然这名罪犯在狱警面前并无任何谈判资本可言，也不可能用自己的实力去威胁狱警，进而达到自己的目的。但是，他很善于发现自己潜在的机会，并能灵活地加以运用。虽然说巧妇难为无米之炊，但是在必要的时候，也可以虚张声势，达到自己想要的目的。

“弱国无外交”这句话充分说明了在谈判的时候实力是多么重要，可以说实力就是一个人进行谈判的筹码。所以，在进行谈判之前，谈判人员一定要对自己的筹码——实力有一个全面的了解，即使自己的实力很弱，也要极力挖掘，认清自己在哪方面的资本对对方来说更具有威慑力。

谈判人员在谈判的时候，即使自己处在比较弱势的地位，也不要被对方的强大实力所威慑，认为自己只能被对方牵着鼻子走。一定要努力寻找自己可以击中对方软肋的武器，在谈判中进行必要的反击，为自己赢得回旋的空间。

第七章

另辟蹊径
——打破谈判僵局

在战场上，讲究出奇制胜，谈判桌上同样如此。在谈判久拖不决的时候，最后通牒可以一锤定音；在双方僵持不下的时候，适当的让步可以柳暗花明；制造一个虚构的竞争对手，也可以迫使对方痛下决心……

在谈判顺利进行的时候，谈判人员就应该努力维持这种良好的局面。但是，谈判过程中变化的因素太多，所以谈判人员在进行谈判之前要做好陷入僵局的思想准备。当谈判陷入僵局的时候，谈判人员就应该采取一些技巧来打破尴尬的局面。

詹姆士在5年前曾经接到命令去某国调查一桩关于毒品走私的案件，詹姆士在去往那个国家之后就好像人间蒸发了一样。尽管联邦调查局动用了多方面的关系去寻找他，但还是杳无音讯。

最近，联邦调查局得到了一个消息，那就是已经消失了5年时间的詹姆士在几日前曾经秘密返回家中。这让联邦调查局感到很迷惑，詹姆士为什么不第一时间向局里报到，而且在他秘密现身家中之后，就又消失了？为了把这件事情搞清楚，联邦调查局专门派出了探员保罗前去调查。

当保罗来到詹姆士家中的时候，却得到了一个否定的答案。詹姆士的妻子一口咬定詹姆士并没有回来过。这让保罗很气愤，不过保罗也没有多说，只是回到局里拿来证据——一张詹姆士现身家中的照片。保罗觉得詹姆士的妻子在铁证面前就会承认詹姆士曾经回家的事实，这样自己就可以进行下一步的调查，了解詹姆士没有回局里报到的真正原因，自己的任务也就完成了。

谁知，在铁证面前，詹姆士的妻子仍然一口咬定詹姆士没有回家。保罗怒不可遏："那你怎么对这张照片做出一个合理的解释？"詹姆士的妻子解释说："这只是詹姆士的弟弟。前几天他来这里看望了一下我和我的孩子们，然后就离开了。"保罗对于这样的解释感到很无奈，没再多说什么就离开了。

回到局里，保罗进行了一番调查，调查发现，詹姆士的妻子撒了谎，因为詹姆士根本就没有什么弟弟。保罗对于詹姆士妻子的不配合极为恼火。于是，他又一次来到詹姆士的家里。他向詹姆士的妻子说：“你最好告诉我事实，如果你再对我撒谎，那我就把你带到局里进行审问。”

保罗原以为这样的威胁会迫使詹姆士的妻子妥协。可是，詹姆士的妻子还是一口咬定那张照片上的人是詹姆士的弟弟，詹姆士自从5年前出国执行任务后就再也没有出现过。保罗觉得她之所以这么坚持自己的说法，一定是詹姆士遇到了非常严重的事情，很可能还涉及生命危险，所以詹姆士的妻子才会这么坚持和强硬。

但是，由于之前保罗愤怒和强硬的态度已经让这次约谈的气氛变得很尴尬，所以保罗要想从詹姆士妻子的口中得到更有价值的线索，那就必须想办法打破这样的僵局。

于是，保罗改变了之前逼问詹姆士在哪儿的方式，而是变得温和起来。面对保罗态度的转变，詹姆士妻子的情绪也缓和了许多。接下来，保罗就和詹姆士的妻子唠起了家常，在整个谈话的过程中，保罗并没有提到詹姆士。在临走之前，保罗还关心地说：“如果以后有生活上的麻烦，只要用得着我，只管打声招呼就行。”

在这次谈话结束之后，保罗成了詹姆士家里的常客，他总是会到詹姆士的家里帮詹姆士的妻子做一些力所能及的事情。但是，保罗再也没有提及过关于詹姆士回来的事情。保罗的努力很快就产生了效果，在一次谈话中，詹姆士的妻子主动告诉了保罗关于詹姆士的消息：“半个月前，詹姆士的确回来过。他告诉我说有人监视他的行动，所以他不能马上回局里报到。而他这次之所以能回来，完全是因为扣押他的人想利用他，所以才特意放他回来的。如果被局里知道詹姆士已经回来了并且跟家人取得了联系，那詹姆士就会有生命危险。詹姆士就在那个国家的一个小岛上，他希望你们能够把他救回来。”

保罗在得到这个消息后，马上向局里进行了汇报。最终，联邦调查局救出了被困在某个国家小岛上的詹姆士。而保罗也因为这次出色地完成了任务得到了上级的嘉奖。

所以，在谈判出现僵局的时候，谈判人员一定要冷静下来，除了要仔细倾听对方的意见之外，还需要改变自己的谈判态度和角度，进而打破陷入僵局的尴尬气氛。

下最后通牒

安德烈在审讯一名犯罪嫌疑人的时候，不论他使用什么样的方法还是无法从犯罪嫌疑人的口中得到更多的信息。审讯的过程就这样陷入了僵局，面对如此不配合的犯罪嫌疑人，安德烈决定采取“下最后通牒”这一招来打破审讯的僵局，从而达到自己的目的。

安德烈对那名犯罪嫌疑人说：“我要走了。本来我只是想帮你，但是你对于我热心的帮助似乎并不感兴趣，那么你就留在这里好自为之吧。”说着，安德烈便站了起来，他观察到当犯罪嫌疑人听到他的这番话后，变得很沮丧，脸上充满了矛盾的情绪，由此可见犯罪嫌疑人正处在抉择之中。

安德烈决定再加一把火：“你只有和我说实话，我才能帮助你。而你之前的谎言显然已经使你失去了我帮助你的机会。”说完，安德烈便向门口走去，他走得很坚决，并没有任何想停下来的意思。安德烈用眼睛的余光观察到，犯罪嫌疑人变得更加紧张了。

当安德烈走到审讯室门口的时候，他并没有听到犯罪嫌疑人让自己停下脚步的声音。于是，安德烈就回身对犯罪嫌疑人说道：“难道你不想知道怎样才可以让自己的刑罚更轻一些？”听到这句话的犯罪嫌疑人突然抬起头，充满希望地看着安德烈，就好像溺水的人看到了一根救命稻草似的。犯罪嫌疑人拼命地点了点头，表示肯定。

接下来，安德烈的审讯工作就变得顺利多了。而且，犯罪嫌疑人的态度相对之前也变得合作起来，安德烈的审讯工作就这样圆满结束了。

安德烈在审讯的过程中也遇到了僵局，不过他机智地采取了“下达最后通牒”的方式来打破审讯的僵局，从而取得了圆满的结果。其实，“下最后通牒”的方式也叫作“欲擒故纵”，意思是当自己需要从对方的身上获得自己想要的东西，而对方又不肯与自己进行合作的时候，便让对方知道这是他最后的机会，然后假装对对方置之不理，从而使对方产生与自己合作的强烈意愿，最后也就可以达到自己想要的目的。

当谈判陷入谁也不肯让步的僵局之中的时候，对方极有可能是处在犹豫之中，而这种犹豫则产生于对未来获得更大利益的预期以及对现实利益的难割难舍的矛盾之中。也就是说，对方对未来能够得到比现在更大的利益抱有希望而不肯做出让步。为了让对方的希望破灭，也为了打破谈判的僵局，最好使用“下最后通牒”的方式，也就是“欲擒故纵”，把对方从犹豫之中拉出来，从而达到自己想要的目的。

在谈判的时候，如果谈判人员已经向对方“下最后通牒”，但是对方还处在犹豫之中，那就需要谈判人员表明自己的态度：“那我们的合作就此结束吧，希望我们以后还有合作的机会。”这个时候，如果对方还在犹豫的话，谈判人员就可以做出具体的实际行动——向谈判房间的门口走去，就好像准备义无反顾地离开一样。

在这个短暂的时间内，对方的矛盾情绪会变得越来越强烈。而谈判人员从自己的位置走到门口的这段时间，不仅是给对方提供思考和抉择的时间，更重要的是向对方施加一定的压力，从而让对方做出让步，接受自己的要求。

如果对方主动让谈判人员停下脚步，并且表示条件可以商量的时候，谈判人员需要向对方表明自己的态度："我已经做出了最大的让步。"如果对方一直处在犹豫和矛盾之中，并没有让谈判人员停下脚步的意思，那么就需要谈判人员在走到门口的时候，继续向对方施压："你认为还有比这个更好的解决方式吗？"在这种情况下，大多数人都会同意你的要求。

在使用"下最后通牒"的方式为自己赢得更大利益的时候，一定要在考虑成熟的情况下实施，切记不能在谈判刚开始的时候就使用这一策略，这样做会让你无功而返。因为这是一种带有一定威胁性的解决问题和打破僵局的方式，虽然这种方式往往能得到成功的谈判结果，但是风险也是很大的，很可能会因为对方拒绝妥协而面临失败。

通常，谈判人员可以在面临以下情况的时候，使用"下最后通牒"的方式来打破僵局：

（1）谈判人员知道自己处于很强的优势地位，其他的竞争对手都不具有自己这样的实力。比如在审讯犯人的时候，就可以使用"下最后通牒"的方式来打破犯罪嫌疑人无论如何也不肯合作的审讯僵局。这是因为相对于审讯人员，犯罪嫌疑人处在一种无可奈何的弱势地位，在审讯中非常被动。

（2）谈判人员在与对方进行谈判的过程中，已经使用了许多方法来打破对峙的僵局，但是对方都不领情。这时就可以使用"下最后通牒"的方式，孤注一掷。

（3）谈判人员确实已经把条件降到了自己所能接受的最大限度。

（4）双方的谈判已经持续了很长时间，自己实在急于达到既定的目标，因为自己无法再负担谈判拖延下去所造成的后果。

做出让步

在谈判的过程中，如果双方对于对方所提出的要求都不满意时，就会陷入对立的情绪，谈判也就陷入了僵局。这个时候，双方往往都会坚持己见，为自己争取应得的利益。如果双方还继续坚持下去的话，那么这场谈判就只能以失败告终。

这个时候，就要求谈判人员灵活地抛开原先的预定方案，寻找另一种更为有效的途径来打破现在的僵持局面。谈判人员可以适当地做出一定的让步，或许就会“柳暗花明又一村”，打破谈判的僵局，赢得谈判的成功。

因为对于双方来说，大家都希望这次谈判能够圆满结束，而谈判的破裂只会让双方都蒙受损失。所以，在僵持的局面中，谈判人员做出一定的让步，不仅会让对方感到意外，更重要的是可以让对方放松警惕性。

联邦调查局局长胡佛在刚刚上任的时候，就对局里的人事进行了很大的调动，其中许多重要的岗位都安排了胡佛的心腹，因为这样胡佛就可以把联邦调查局更好地控制在自己的手心里。而这也正是胡佛担任局长一直到死的原因之一。

但是，胡佛的这一行为引起了其他工作人员的反对。就在胡佛准备再把一个重要的岗位安插上自己的心腹的时候，遭到了许多工作人员的强烈反对，他们认定胡佛是要在民主的美国下面搞一个专制的联邦调查局。

面对如此大的压力，胡佛也不可能一意孤行地把心腹安插到联邦调查局的重要位置上。但是，其他成员所推荐的几个人选胡佛都表示了反对。关于那个重要岗位的人选就这样陷入了僵局。

胡佛之所以能够在美国联邦调查局局长的位置上待这么长时间，除了有优秀的工作能力之外，最重要的还是因为他有一套非常实用的驭人之术。没过多久，胡佛就把自己的心腹成功地安插到了那个重要的岗位上。

胡佛做出了让步，他决定不再以个人意志来安排工作人员，而是由FBI的重要成员进行选举。面对胡佛做出的这个让步，大家都很意外。尤其是之前反对胡佛的那些人甚至觉得很得意，认为他们的抗争为联邦调查局带来了民主。

在进行选举的时候，大家第一次选举出来的人并不是胡佛的心腹，但却是最受大家欢迎的一个成员。胡佛并没有直接反对，只是说："你们想让你所选举出来的人物在这个重要的岗位上待一段时间，就应该选举一个能胜任这个岗位的人。"胡佛的话就是在告诉大家，他对大家选举出来的这个人并不满意。

于是，大家进行第二轮选举，这次大家推荐了一个很聪明的成员，但是这个人还不是胡佛的心腹。胡佛说："美国联邦调查局的命运就掌握在你们的手中，请不要选举一个有负众望的人来担任这样重要的职位。"

大家继续进行选举，在这第三轮的选举中，被推荐的成员正是胡佛的心腹。胡佛并没有喜形于色，只是说："你们为美国联邦调查局做出了一个正确而伟大的决定，而美国联邦调查局会因为你们的这个决定变得更加繁荣。"很明显，胡佛对于这次的选举结果表示了满意。

表面上看来，胡佛在迫于压力的情况下，做出了一个很大的让步，但是最终结果显示：胡佛还是达到了自己的目的。而那些之前反对胡佛的人也觉得这次的选举很民主，认为自己才是最大的受益人，殊不知这不过是胡佛“曲线救国”的把戏。

所以，谈判人员在面临谈判僵局的时候，不妨也主动做出一定的让步，让紧张的谈判氛围变得轻松起来。这样既有利于谈判的继续进行，也可以用另一种方式来实现自己的目的。但是，在做出让步的同时，谈判人员一定要有这样的心理准备：让步的基本原则就是以小换大。也就是说做出小的让步，为自己赢得更大的利益。

在做出让步的时候，谈判人员一定要注意以下几个原则：

（1）不要做无所谓的让步。每次进行让步的时候都要换取对方相应的让步，都要维护自己的切身利益。也就是说，谈判人员之所以做出让步是为了得到相应的利益，以自己做出较小的让步来换取对方较大的让步。

（2）不要轻易表态接受对方最初的让步，即使对方做出的退让已经远远超过了自己的期望，也不要轻易表态。因为对方既然已经做出让步，那就意味着这件事情还有商量的余地，如果谈判人员推迟表明自己的态度还可以进一步引出对方之所以做出让步的真实意图。

（3）面对重要的原则性问题，谈判人员尽量引导对方做出让步；而在一些次要的无伤大雅的问题上，谈判人员可以根据自己的具体情况适当地做出让步。

（4）虽然已经做出了让步，但是后来考虑到这样做会让自己蒙受更大的损失，也可以在后来的谈判中进行修改，不要因为不好意思而不敢提出这样的要求。

（5）谈判过程中，双方的互相让步并不等于对等让步。谈判人员在做出让步的时候，一定要谨记每次的幅度不宜过大，这样也就没有了讨价还价的余地。而且，让步的次数也不宜太多，这样会让对方产生一种对你所做的让步无所谓的心理。谈判人员一定要让对方觉得，你所做出的每一次让步都是重大的让步，争取以最小的利益牺牲达成协议。

出人意料

珊妮是一名很有名的谈判专家，她的工作就是在面临一些突发性的案件时，亲临现场，对当事人进行心理安慰，从而把伤害降到最低限度。这项工作有很大的挑战性，因为它不仅需要谈判人员具备良好的口才和应变能力，更重要的是它还需要谈判人员能够在最短的时间内对当事人的情况和具体资料了然于心，同时对当事人激动和易变的情绪快速做出正确的反应。

有一天，珊妮接到了一个任务。在纽约市的一座建筑物里，有一名男子想要从30层的地方跳下去。接到这个任务的珊妮很快就赶到了事发现场。

当珊妮到达事发现场的时候，她发现那名准备跳楼自杀的男子情绪非常激动，随时有可能跳下去。珊妮马上投入到工作中，首先对那名跳楼男子的具体资料进行了了解。从那份资料里面珊妮得知，这名男子想跳楼自杀的原因是最近因失业而无力偿还住房贷款。看完这份资料后，珊妮松了一口气，只是因为外界压力而造成的自杀，并不是因为所谓的抑郁症，这样问题解决起来就会相对容易很多。

珊妮马上展开了谈判工作，与这名男子谈了很长时间，希望他不要因为一点生活上的压力就轻易放弃自己的生命。珊妮在与这名男子进行交流的过程中，甚至还谈到了他的亲人，珊妮向他表示，如果他因为这一点小事就自杀，他的亲人会感到很难过，他的自杀会给他的亲人带来无尽的伤痛。尽管珊妮对这名男子进行了晓之以理动之以情的长时间劝说，但是这名男子依旧没有要下来的意思，情绪反而变得越来越激动。

珊妮在心里想："看来常规的劝说方式是达不到效果了，那就只好运用一些出人意料的反常规做法了。"于是，珊妮就和旁边的工作人员进行了一番秘密的商讨。

在商讨结束后不久，事发现场就出现了两个医务工作人员。这两名医务工作人员一出现在事发现场就开始争吵，没吵两句就开始你推我搡地扭打起来。面对这样更加精彩的场景，现场观众的眼球很快就被吸引到了那两名医务工作人员身上。

面对这样的"突发"情况，珊妮似乎也被吸引了，珊妮离开那名男子，走上前去进行劝说。但是，珊妮并没有劝说成功。珊妮失望地走向那名要跳楼的男子："这位先生，你现在跳不跳楼我已经不想管了。我只是来征求一下你的意见，因为你的意见将决定那两名医务工作人员之间的战争是否能结束。那两名打架的医务工作人员来自两个不同的医院。他们想在你死之后，从你的身上摘取能用的器官，比如眼角膜、肾脏之类的器官。你看他们打得这么热火朝天，现在只有你的决定才能结束这场战争。你到底准备捐给哪一家医院呢？"

听到珊妮这番话的男子，激动的情绪明显稳定了很多，他开始了理智的思考。在没过多久之后，这名男子就主动从危险的位置上走了下来。当他一到达安全区域内，早已待命的警员们马上冲过去，把那名男子救了下来。其实，那两名打架的医务工作人员是由谈判专家假扮的。珊妮就这样出色地完成了这项任务。

为了争取各自的利益，在进行谈判之前，谈判双方都会总结出自己行之有效的常规谈判手段和方式，来取得自己想要的谈判结果。但是，这样的常规手段和方式尽管屡试不爽，但在谈判陷入僵局的时候，它们往往起不到任何作用。这就需要谈判人员能够灵活应变，采用一些违背通行规则的非常规手段，进而取得自己想要的谈判结果。

在进行商业谈判的时候，如果谈判人员甲想从谈判人员乙那里买到自己想要的产品，那在谈判的过程中，甲就会给出该产品的最低价格，相反乙就会给出该产品的最高价格。而谈判的过程无非就是双方在这个最低价和最高价之间协商一个双方都能接受的价格，进而完成谈判。

但是，在这样常规的谈判中极易出现僵局，就是双方谁也不愿接受对方所提出的价格。那么，这场谈判将无法再进行下去。这个时候，就需要谈判人员选择某种出人意料的谈判方式，从而打破谈判僵局。

例如，甲方向乙方提出的产品价格是 10 万元。那么乙方在谈判之前就会做一个相应的市场调查，通过市场调查乙方发现同类产品的价格是 15 万元。在谈判的过程中，乙方就会根据 15 万元的标准来进行讨价还价。但是，甲方坚持自己 10 万元的报价不变，乙方也觉得甲方是在故意占自己便宜。双方相持不下，只好早早结束了谈判，约定在第二天再进行商谈。

在第二天谈判刚开始的时候，甲方就向乙方郑重道歉，说自己搞错了产品的价格。乙方听到甲方的道歉后感到很得意，他觉得自己在上一次谈判中的坚持是有效果的。但是，甲方接下来的话就大大出乎了乙方的意料。甲方对乙方说："实在很抱歉，我们弄错了产品的价格，因为这款产品的价格是 5 万元。"

甲方的这番话除了让乙方觉得意外，还让其感到了迷惑。乙方开始怀疑自己之前所做的市场调查是错误的。于是，双方就进行了一番唇枪舌剑的讨价还价，最后以 10 万元的价格成交。虽然这个价格远远低于乙方的预期，但是由于甲方这种出人意料的方式，让乙方产生了一种错觉，那就是自己争取到了 5

万元利益，认为自己才是这场谈判的受益者。

谈判人员在谈判的过程中，利用出人意料的方式来打破僵局的时候，一定要切记：这样的方式能少用就少用，切不可使用得太过频繁，否则只会造成适得其反的后果。同时，在使用这样不按常理出牌的方式时，最好选择在对方已经失去耐心的时候使用，也就是对方认为这是最后的谈判期限的时候使用，这样往往更容易获得自己想要的谈判结果。

管理对方的情绪

探员们突击检查了圣地亚哥一家涉嫌贩卖精神病人人体器官的医院。但是，这家精神病院的保密工作做得非常充分，探员们审讯了好几个小时，还是一无所获。其中的一名护士想提供一些情报给探员，但是遭到了其他同事的质疑，她的同事说她是精神病人，探员们不应该相信她的话。

面对同事们的敌意，这名护士显得很不高兴，她认为是探员的审讯给她造成了这种困扰。不仅在这次的审讯中不再和探员合作，即使是在以后的约谈中也不愿再提供更多的案情。

但是，这名护士却是这个案件的唯一线索。所以，探员必须想办法化解这名护士对探员的敌对情绪，从而打破调查的僵局，从这名护士的口中得到更多有用的案件信息。

于是，探员准备在这个护士面前演一场戏，来缓解敌对的紧张气氛。一天早上，探员约这名护士前来吃早餐。面对这名护士紧张而带有敌意的眼神，探员显得很坦然，当着这名护士的面，探员按下了电话的免提键，然后拨打了附近的一家快餐店的电话，让他们送一些外卖过来。

探员："你好，我想要订 5 份比萨饼和 10 罐可乐。"

快餐店员："请问，您想送往哪里呢？"

探员的回答有些答非所问："我们在你们对面的精神病院里，我们是的探员。”

快餐店员感到有些疑惑：“精神病院？您是探员？”

探员回答道：“的确如此。我们这里的每个人都是探员。”

快餐店员：“精神病院里都是探员吗？”

探员焦急地回答道：“是的。我们在这里调查一个重要的案件，而且请你赶快送过来，因为我们已经非常饿了。”

快餐店员：“那您打算如何付账呢？”

探员回答道：“我这里有支票。”

快餐店员怀疑道：“你们真的都是探员吗？”

探员：“这有什么好怀疑的？对了，待会儿你来的时候，一定要记得走后门，因为前门已经被我们探员给封锁了，你知道这是工作需要。”

听到这句话后，快餐店员只说了一句：“鬼才相信你这个精神病人是探员……”说着就把电话挂断了。很明显，在这场谈话中，快餐店店员把这名探员误认为是精神病人了。

这就传达给那名护士一个重要的信息，不止你被你的同事们误认为是精神病，就连我也被一个素不相识的人理解为是一名精神病人。这样一个场景的安排不仅化解了之前紧张敌对的僵局，而且还让那名护士对探员产生了一种同病相怜的信任感。约谈的结果也表明，这名护士向探员提供了许多她知道的和有用的案件信息。

在谈判的过程中，双方有可能因为各自利益的争夺而情绪激动，进而谁也不让谁，使谈判陷入僵局。当谈判陷入僵局的时候，也就意味着双方都成为了情绪的奴隶。所以，谈判人员这个时候最需要的就是冷静和理智。可是光让自己冷静下来，还是无法达到打破僵局的目的，因为谈判的过程是一个双方进行合作的过程。

所以，在面临僵局的时候，谈判人员不仅要化解自己的不良情绪，还要想方设法化解对方的不良情绪，做对方情绪的主人，使谈判顺利地进行下去，取得自己想要的谈判结果。

通常，化解对方不良情绪最好的方式就是幽默和风趣的语言。美国迈阿密大学的一位心理学教授针对人际关系和交往方面给出过这样的建议："如果想要让他人按照你的要求去行动，那你就需要保持微笑和幽默风趣，因为人们不可能听一个总是板着脸说话的人的意见。"

尤其是在谈判中遇到僵局的时候，谈判人员如果板着脸继续谈判，那么对方就会在情绪的主导下和你抬杠，这样只会让僵持的谈判局面变得越来越紧张，谈判人员就更不可能达到自己的谈判目的。所以，在面临僵局的时候，谈判人员不妨运用幽默风趣的语言去化解这样的局面，使得原本紧张的局面重新变得轻松愉快起来。只有在轻松愉快的氛围中，谈判人员才可以为自己争取更大的利益。

子虚乌有的竞争

有一位食品公司的老板瞄准了另一个商机，想要改行做其他的行业。于是，他决定把现在的这家食品公司卖掉以获得开创新事业的资金。

这位老板首先想到的就是在报纸上刊登大幅的广告，借此来招揽购买的人。果然，在广告刊登后不久，就有好多人慕名而来。虽然来的人挺多，但是，这些上门来询问的人并非是真心实意地想要购买，大多数只是来试探一下价格罢了。在食品公司的老板报出价格的时候，大多数人都会皱眉和摇头，他们认为食品公司老板提出的价格太高了。有些人还会还还价，但是还有不少人在听到价格后连价也不还，掉头就走。

这对急于转手的食品公司老板来说，无疑是一件十分浪费时间和精力的苦差事。于是，这位老板就想了一个办法，在这以后只要是上门来找他询问价格的人，他都要求他们写下需要的购买条件和购买理由以及联系方式。接下来，这位食品公司老板就把这些收集来的信息整理成了一份资料。以后，只要有人再上门询问他食品公司的价格，他就把整理出来的这份资料提供给那些顾客，作为交易的参考。

没过多久，食品公司的老板就把他的食品公司以自己满意的价格卖了出去。因为那些前来购买的人一看到这位老板所提供的顾客资料，就在无形中形成了一种竞争的心理，认为这家食品公司很抢手，自己如果不赶快下手，就占不到这么大的便宜了。

所以，谈判人员在谈判的过程中遇到僵局的时候，可以尝试用一些子虚乌有的竞争来给对方施加压力，迫使对方做出一定的让步，以打破谈判的僵局。

而所谓的制造竞争的局面就是让对方相信，你除了他这个合作对象以外，还有许多其他的合作对象。这样就会给对方造成一定的压力，从而产生一种“过了这个村，就没这个店”的心理。

此外，谈判人员也要注意防范对方所制造出来的虚假竞争状态，一定要搞清楚其中的真实性，不要因为这些所谓的竞争就莽撞地上钩，这样只会让自己显得很被动。

在一次商品交易会上，一家中国公司正和一家外企洽谈产品的出口业务。中国公司的谈判代表是一个非常沉着老练的谈判人员。在谈判刚开始的时候，他并没有很急切地向对方兜售自己的产品，而是通过虚虚实实的谈话来了解这家外企的具体情况。这位中国的谈判代表显得很有亲和力，于是外企的那位谈判代表就在无意之中透露了公司的许多具体情况。在这一阶段，整场谈判就好像是一场聊天。

通过这次聊天，中国的谈判代表了解到在国外有一家公司因为缺少这种生产原料而停产了，所以中国的谈判代表推断出这家公司肯定急需他们公司的产品。而且，在进行谈判之前，中国的谈判代表还了解到他们公司所生产的这个产品又出现了新的使用方式，也就是说本公司的产品现在在国际市场上是非常抢手的。

在接下来的谈判中，外企的谈判代表利用收集来的市场信息表明中国公司的产品已经在市场上失去了竞争力，希望借此尽量压低产品的价格。

面对对方制造的子虚乌有的压力，中国的谈判代表一改之前的温和态度，采取了主动的攻势。中国的谈判代表非常明确地告诉对方：“我们公司关于这项产品的货源已经不多了。而且现在的国际市场行情也显示，这种产品在国外很受欢迎，订购的数量也非常大。”接着，中国的谈判代表又告诉对方：“据说，贵国的某公司就是因为缺少我们公司的这种产品而停产了，想来他们应该也很需要我们公司的产品。而且我们公司目前给出的价格已经是最低的了。”

中国公司谈判代表的这番话，让外企的谈判代表很吃惊，不过对方还是装出很淡定的态度，希望中国的谈判代表因为自己无所谓的态度而对本身所掌握的信息产生怀疑，借此来压低产品的价格，为自己赢得更大的利益。

可是，中国公司的谈判代表并没有被外企谈判代表的这种表面现象所迷惑，依然保持着之前的强硬态度。于是，外企的谈判代表再也招架不住心理上的攻势，因为他们的公司的确非常需要中国公司的这批产品。最后，外企只好以较高的价格买下了中国公司的产品。而中国公司也在这次交易中成功地获得了高出自己预期许多倍的收益。

这种打破僵局的方法在谈判中为许多谈判人员所青睐。因为这种方式不仅可以让自己在改变谈判僵局的时候顺便掌握谈判的主动权，以免受制于对方；还可以给对方施加一定的心理压力。谈判人员在制造这样的竞争局面的时候，可以是真实的，也可以是虚假的，甚至可以是半真半假。因为在进行谈判之前双方所掌握的信息都不全面，也不确定。所以，谈判人员就可以利用这一点，在谈判之中虚虚实实，以此赢得最大利益。

附 录

谈判能力测试

下面是美国谈判专家加洛斯设计的一套有关谈判能力的测试题。这套测试题可以作为谈判人员选择的一个参考。

1. 通常你是否在准备充分的条件下才进行商谈？

（1）总是

（2）经常

（3）有时

（4）很少

（5）从来没有

2. 当你面对正面冲突的时候，会有什么样的感受？

（1）非常不舒服

（2）有点不舒服

（3）虽然不喜欢，但是还可以面对正面冲突

（4）有点喜欢这种挑战

（5）非常喜欢这种迎接挑战的机会

3. 在谈判中，对方所说的话，你是否持怀疑的态度？

（1）永远怀疑

（2）经常怀疑

（3）有时候会怀疑

（4）很少会怀疑

（5）从来不会怀疑

4. 被人喜欢对你来说是否重要？

（1）非常重要

（2）很重要

（3）一般

（4）不太重要

（5）一点都不重要

5. 在进行谈判的时候，你是否经常保持积极乐观的心态？

（1）总是

（2）经常

（3）有时

（4）很少

（5）从来没有

6. 你对谈判的具体看法是什么？

（1）竞争

（2）大部分情况下是竞争，小部分是合作

（3）一半竞争，一半合作

（4）大部分情况下是合作，小部分是竞争

（5）合作

7. 你比较赞成以下哪一种交易情况？

（1）对谈判双方都有利的交易

（2）对自己较为有利的交易

（3）对对方较为有利的交易

（4）对自己非常有利，但是对对方不利的交易

（5）双方各自为自己的利益打算

8. 你是否喜欢和商人进行交易？（家具、汽车、家庭用品的商人）

（1）非常喜欢

（2）喜欢

（3）不喜欢，也不讨厌

（4）不喜欢

（5）非常不喜欢

9. 如果在谈判的过程中，交易的行为对对方很不利，你是否会让对方再和你商谈一个较好一点的交易？

（1）很愿意

（2）有时候愿意

（3）不愿意

（4）几乎从来没有过这样的想法

（5）那是对方的问题，与我无关

10. 你是否有威胁别人的情况？

（1）总是会出现这样的情形

（2）经常如此

（3）偶尔这样

（4）很少会这样

（5）几乎没有

11. 你是否能适当地表达自己的观点？

（1）非常好

（2）高于一般水平

（3）一般水平

（4）低于一般水平

（5）非常差

12. 你是否可以很好地倾听别人所说的话？

（1）非常好

（2）高于一般水平

（3）一般水平

（4）低于一般水平

（5）非常差

13. 在谈判的过程中，当对方出现了含糊不清的词句时，你的感觉如何？

（1）完全不喜欢，希望这样的情况永远不要在谈判的过程中出现

（2）非常不喜欢

（3）不喜欢，但是可以接受出现这样的情况

（4）自己的谈判思路一点也不会因为对方含混不清的词句而被扰乱，很容易就习惯了

（5）非常喜欢，觉得事情本来就应该如此

14. 当他人在陈述与你不同的观点时，你可以很好地倾听吗？

（1）完全不能，基本上会掉头就走

（2）可以听一点点，但是很难听进去

（3）听一点点，但是并不会太过在意

（4）可以合理地倾听

（5）可以集中自己的注意力去倾听

15. 在谈判开始之前，你和你的合作伙伴将会如何彻底讨论谈判的目标和事情的优先顺序？

（1）适当的讨论次数，讨论的效果非常好

（2）常常会非常辛苦地进行讨论，但是讨论的效果依然会非常好

（3）讨论的次数非常有限，有时会辛苦地进行讨论，讨论的效果一般

（4）不经常讨论，讨论的效果不太好

（5）觉得只要在谈判的时候执行上级的要求就可以了，没什么好讨论的

16. 在进行商业谈判的时候，一般的公司都是按照定价加 5%，而你的上级却要求你在谈判的过程中按照定价加 10%，这时你的感觉如何？

（1）一点也不喜欢这样的挑战，并会想尽一切办法避免这种情况的发生

（2）虽然不喜欢，但是依然还会勉强自己去做

（3）尝试着当成一种对自己的挑战去做

（4）会尽自己最大的努力去做好

（5）非常喜欢这种具有挑战性的谈判，并且期待这样的考验

17. 你喜不喜欢在谈判的时候邀请专家指导你的这次谈判？

（1）非常喜欢，觉得这样比较有保障

（2）比较喜欢

（3）偶尔会这样做

（4）假如情况需要的话，可以接受谈判专家

（5）非常不喜欢，总有一种一个外人在指手画脚的感觉

18. 你觉得自己是不是一个很好的谈判者？

（1）非常好

（2）比较好

（3）一般般

（4）不太好

（5）很糟糕

19. 在你承受巨大压力的情况下，你的思路是否依然可以保持很清晰的状态？

（1）是的，非常好

（2）比大部分人要好

（3）一般程度

（4）在一般程度之下

（5）根本无法保持思路的清晰

20. 你的判断能力如何？

（1）非常好

（2）比较好

（3）水平一般

（4）不太好

（5）我觉得自己的判断能力很差劲

21. 你对自己的评价如何？

（1）自我评价很高

（2）适当的自我评价

（3）很复杂的感觉，说不好也搞不清楚

（4）我觉得自己是一个很差劲的人

（5）我对自己没什么感觉

22. 你是否能获得别人的尊敬？

（1）总是

（2）经常

（3）偶尔

（4）不经常

（5）很少

23. 你认为自己是不是一个经常使用策略的人？

（1）总是运用策略

（2）经常运用策略

（3）会在适当的时候运用策略

（4）经常会忘记使用策略

（5）我基本上不使用策略，经常是先把话说出来后，再进行思考

24. 你是否可以做到广泛地听取他人的意见？

（1）是的，我完全可以做到

（2）大部分情况下可以做到

（3）一般情况下可以做到

（4）我很少会听取他人的意见

（5）我是一个很固执的人，基本上不会听取他人的意见

25. 正直这种品质对你来说是否重要？

（1）对我来说，是不可更改的原则性问题

（2）比较重要

（3）一般

（4）不重要

（5）可有可无

26. 你认为别人的正直是否重要？

（1）非常重要

（2）比较重要

（3）一般

（4）不太重要

（5）从不理会

27. 当你的手中握有权力时，你会如何使用呢？

（1）尽量运用一切手段

（2）适当地运用一些权力，没有罪恶感

（3）我会为了正义而使用权力

（4）我不喜欢使用

（5）从不使用

28. 你对“行为语言”的敏感程度如何？

（1）高度敏感

（2）比较敏感

（3）普通敏感程度

（4）不太敏感

（5）从不敏感

29. 你对别人的动机和愿望敏感程度如何？

（1）高度敏感

（2）比较敏感

（3）普通敏感程度

（4）不太敏感

（5）从不敏感

30. 对于以个人的身份与谈判对手结交的情况，你会有怎样的感觉？

（1）我会尽力避免出现这样的情况

（2）认为出现这样的情况不太妥当

（3）感觉一般，不好也不坏

（4）我会因为被对方所吸引而接近对方

（5）我喜欢改变自己的立场去接近我的谈判对手

31. 你洞察谈判中的真正问题的能力如何？

（1）我通常会知道谈判的真正问题在哪里

（2）大多数情况下，我都可以了解谈判中的真正问题

（3）我能够猜得相当准确

（4）对方所提出的一些问题常常会使我感到惊奇

（5）在谈判中，我很难发现真正问题的所在

32. 在进行谈判之前，你通常会定下以下哪种目标？

（1）很难达成的目标

（2）比较难以达成的目标

（3）不太难，也不太容易实现的目标

（4）不太难，比较容易达成的目标

（5）相当容易达成的目标

33. 你是不是一个有耐心的谈判者？

（1）我几乎永远都充满了耐心

（2）比一般人有耐心

（3）我的耐心只是一般人的水平

（4）一般程度以下

（5）耐心较差，希望能够尽快完成交易

34. 在进行谈判的过程中，你对于自己所设定的目标执着程度如何？

（1）非常执着

（2）执着

（3）有点执着

（4）不太执着

（5）比较有弹性，一切都可以随着情况而发生变化

35. 在谈判中，你是否很坚持？

（1）非常坚持

（2）坚持

（3）适当地坚持

（4）不太坚持

（5）根本不坚持

36. 你对于谈判对手的私人问题敏感程度如何？（非商业性的问题，例如工作的安全性、工作的负担、假期、和老板的相处情况等）

（1）高度敏感

（2）比较敏感

（3）普通敏感程度

（4）不太敏感

（5）从不敏感

37. 对方对这场谈判的结果的满意程度你是否在乎？

（1）非常在乎，我会尽量不让我的对手受到损失

（2）有点在乎

（3）持中立态度，但是我希望我的对手不会被伤害

（4）有点关心

（5）只为自己打算

38. 你是否想要强调你的权力限制？

（1）是的，非常想

（2）想强调

（3）适度地强调

（4）不想强调

（5）从不强调

39. 你是否想了解对方的权力限制？

（1）非常想

（2）想了解

（3）我会衡量一下

（4）不是特别想要了解

（5）完全不想了解

40. 当你在买东西的时候，对于说出一个很低的价位，你的感觉如何？

（1）我一般不会出现这种情况

（2）感觉不太好，但是有时我还是会说一个很低的价位

（3）偶尔才会出现这种情况

（4）我常常这样做，而且毫不在乎

（5）我会使这种情况变成我的一种习惯，而且感觉非常舒服

41. 你通常如何让步？

（1）我根本就不可能让步

（2）让步的进程相当缓慢

（3）和对方一起让步

（4）我会多让点，试着使交易尽快完成

（5）我不在乎做出多大的让步，只要交易能够完成就可以

42. 对于接受影响你事业的风险，你的感觉如何？

（1）完全可以接受大的风险

（2）比一般人更能接受大的风险

（3）只能接受较小的风险

（4）偶尔冒一点小风险

（5）很少冒险

43. 你对于接受财务风险的态度如何？

（1）完全可以接受大的风险

（2）比一般人更能接受大的风险

（3）只能接受较小的风险

（4）偶尔冒一点小风险

（5）很少冒险

44. 当你面对那些社会地位比你高的人，你的感觉如何？

（1）非常舒服

（2）舒服

（3）有一种复杂的感觉

（4）不舒服

（5）相当不舒服

45. 当你将要购买车子或者房子的时候，你的准备工作会是怎样的情形？

（1）非常好

（2）好

（3）一般

（4）不好

（5）非常不好

46. 在谈判中，对方告诉你的话，事后你会调查到什么程度？

（1）我会调查得很彻底

（2）调查大部分

（3）调查某些话

（4）知道自己应该去进行调查，但是做得不够

（5）从来没有调查过

47. 你对于需要解决的问题，是否会有自己的主见？

（1）完全有主见

（2）大多数情况下会有

（3）有时候会有

（4）有自己主见的情况不太多

（5）几乎没有

48. 人们是否尊敬你而且服从你的领导？

（1）完全是

（2）大部分情况下是

（3）一般情况下是

（4）不太会出现这种情况

（5）一点也没有

49. 和一般人比较，你是不是一个有经验的谈判者？

（1）很有经验

（2）比一般人有经验

（3）和一般人一样

（4）比一般人要差劲

（5）丝毫没有经验

50. 你对于你所属部门的领导人的感觉如何？

（1）舒服而且自然

（2）舒服

（3）很复杂的感觉

（4）存在某种自我意识

（5）感觉相当不好

51. 没有压力的时候，你的思考能力如何？（和你周围的人进行比较）

（1）非常好

（2）比大部分人好

（3）一般程度

（4）比一般人差

（5）非常不好

52. 在兴奋的时候，你是否会激动?

（1）表现得很镇定

（2）一般情况下会表现得很镇定，但是会被对方激怒

（3）和大部分人的情况一样

（4）我的性格有点急躁

（5）我经常会很激动

53. 在社交场合中，人们是否喜欢你?

（1）非常喜欢

（2）喜欢

（3）一般

（4）不喜欢

（5）非常不喜欢

54. 你所从事的工作安全性如何?

（1）非常安全

（2）安全

（3）一般

（4）不安全

（5）非常不安全

55. 假如对于一件事，你已经听过对方四次很详细的解释，你还是必须说

四次“我不了解”，你会选择怎么办？

（1）绝对不说

（2）可以说一次

（3）只能说两次

（4）可以说三次

（5）毫不犹豫地说四次

56. 在谈判过程中，你对于解决困难问题的能力如何？

（1）非常好

（2）比大部分人好

（3）一般程度

（4）比一般人差

（5）非常不好

57. 你是否会问一些具有探索性质的问题？

（1）我很擅长问一些此类的问题

（2）比大部分人好

（3）一般程度

（4）比一般人差

（5）非常不好

58. 面对生意上的秘密，你是否可以做到守口如瓶呢？

（1）非常保密

（2）尽量保密

（3）一般程度

（4）常常会说出一些商业秘密

（5）已经说得实在太多了

59. 对于谈判这一行知识的了解程度，你的信心如何？（与你周围的人进行比较）

（1）非常有信心

（2）有信心

（3）一般程度

（4）不太有信心

（5）坦白讲，一点信心也没有

60. 假设你是某建筑大厦的买主，由于你爱人的要求而要更改设计图，但承包商却因为这个原因要收取更高的价钱。因为承包商的工作质量很好，你又非常需要他。面对这个新的更高的价位，你会怎么办？

（1）完全无法接受

（2）不喜欢，并拒绝大部分条件

（3）选择一个较为折中的办法进行处理

（4）心里虽然不喜欢这种行为，但是还是会做出较大幅度的让步

（5）完全接受

61. 你是否会经常让自己内心的感受流露出来？

（1）总是

（2）经常

（3）一般

（4）不太经常

（5）几乎没有

谈判能力测试分数表

1	（1）+20	（2）+15	（3）+5	（4）−10	（5）−20
2	（1）−10	（2）−5	（3）+10	（4）+10	（5）−5
3	（1）+10	（2）+8	（3）+4	（4）−4	（5）−10
4	（1）−14	（2）−8	（3）0	（4）+14	（5）+10
5	（1）−10	（2）+10	（3）+10	（4）−5	（5）−10
6	（1）−15	（2）+15	（3）+10	（4）−15	（5）+5
7	（1）0	（2）+10	（3）−10	（4）+5	（5）−5
8	（1）+3	（2）+6	（3）+6	（4）−3	（5）−5
9	（1）+6	（2）+6	（3）0	（4）−5	（5）−10
10	（1）−15	（2）−10	（3）0	（4）+5	（5）+10
11	（1）+8	（2）+4	（3）0	（4）−4	（5）−6
12	（1）+15	（2）+10	（3）0	（4）−10	（5）−15
13	（1）−10	（2）−5	（3）+5	（4）+10	（5）+10
14	（1）−10	（2）−5	（3）+5	（4）+10	（5）+10
15	（1）+8	（2）−10	（3）+20	（4）+15	（5）−20
16	（1）−10	（2）+5	（3）+10	（4）+13	（5）+10
17	（1）+12	（2）+10	（3）+4	（4）−4	（5）−12
18	（1）+12	（2）+10	（3）+5	（4）−5	（5）−10
19	（1）+10	（2）+5	（3）+3	（4）0	（5）−5
20	（1）+20	（2）+15	（3）+5	（4）−10	（5）−20
21	（1）+15	（2）+10	（3）0	（4）−5	（5）−15
22	（1）+12	（2）+8	（3）+3	（4）−5	（5）−8
23	（1）+6	（2）+4	（3）0	（4）−2	（5）−4
24	（1）+10	（2）+3	（3）+5	（4）−5	（5）−10

续表

25	（1）+15	（2）+10	（3）+5	（4）0	（5）−10
26	（1）+15	（2）+10	（3）+10	（4）0	（5）−10
27	（1）+5	（2）+15	（3）0	（4）−5	（5）0
28	（1）+2	（2）+1	（3）+5	（4）−1	（5）−2
29	（1）+15	（2）+10	（3）0	（4）−10	（5）−15
30	（1）−15	（2）−10	（3）+2	（4）+10	（5）+15
31	（1）+10	（2）+5	（3）+5	（4）−2	（5）−10
32	（1）+10	（2）+15	（3）+5	（4）0	（5）−10
33	（1）+15	（2）+10	（3）+5	（4）−5	（5）−15
34	（1）+12	（2）+12	（3）+4	（4）−5	（5）−15
35	（1）+10	（2）+12	（3）+3	（4）−3	（5）−10
36	（1）+16	（2）+12	（3）0	（4）−3	（5）−10
37	（1）−12	（2）+6	（3）0	（4）−2	（5）−10
38	（1）−10	（2）−8	（3）+5	（4）+8	（5）+12
39	（1）+15	（2）+10	（3）+5	（4）−15	（5）−10
40	（1） 10	（2）−5	（3）+5	（4）+5	（5）+15
41	（1）+15	（2）+10	（3）−3	（4）−10	（5）−15
42	（1）+5	（2）+10	（3）0	（4）−3	（5）−10
43	（1）+5	（2）+10	（3）−5	（4）+5	（5）−8
44	（1）+10	（2）+8	（3）+3	（4）−3	（5）−10
45	（1）+15	（2）+10	（3）+3	（4）−5	（5）−15
46	（1）+10	（2）+10	（3）+3	（4）−5	（5）−12
47	（1）+12	（2）+10	（3）0	（4）0	（5）−15
48	（1）+10	（2）+8	（3）+3	（4）0	（5）−3
49	（1）+5	（2）+5	（3）+5	（4）−1	（5）−3

续表

50	（1）+8	（2）+10	（3）0	（4）0	（5）−12
51	（1）+15	（2）+6	（3）+4	（4）0	（5）−5
52	（1）+10	（2）+8	（3）+5	（4）−3	（5）−10
53	（1）+10	（2）+10	（3）+3	（4）−2	（5）−6
54	（1）+12	（2）−3	（3）+2	（4）−5	（5）−12
55	（1）−8	（2）+8	（3）+3	（4）+8	（5）+12
56	（1）+10	（2）+8	（3）+8	（4）−3	（5）−10
57	（1）+10	（2）+10	（3）+4	（4）0	（5）−5
58	（1）+10	（2）+8	（3）0	（4）−8	（5）−15
59	（1）+12	（2）+10	（3）0	（4）−5	（5）−10
60	（1）+15	（2）−6	（3）0	（4）−10	（5）−15
61	（1）−8	（2）−3	（3）0	（4）+5	（5）+8

评分标准：

在回答完以上的61道问题之后，按照以上的“谈判能力测试分数表”，把每一个问题的答案得分相加。然后你就会得到一个位于−668到+724之间的总分。

举例说明，假如你第一个问题的答案是（1），你的分数就是+20；第二个问题的答案是（3），分数就是+10；第三个问题的答案是（2），你的分数就是+8，以此类推进行加分。然后把每道题的分数加在一起，就是你的总分。

根据“谈判能力测试分数表”算出你的总分以后，你就可以知道你的得分属于以下哪个级别了。你的分数越高，就说明你的谈判能力越强。

第一级：+358到+724　　第二级：+28到+357

第三级：−320到+27　　第四级：−668到−321

图书在版编目（CIP）数据

超实用心理谈判课/ 李娟娟著.—4版.—北京：中国法制出版社，2020.4

ISBN 978-7-5216-0823-6

Ⅰ. ①超…　Ⅱ. ①李…　Ⅲ. ①谈判学—社会心理学—通俗读物
Ⅳ. ①C912.35-49

中国版本图书馆CIP数据核字（2020）第021015号

策划编辑：李佳（amberlee2014@126.com）
责任编辑：李佳　黄一迪　　封面设计：杨泽江

超实用心理谈判课

CHAO SHIYONG XINLI TANPANKE

著者 / 李娟娟

经销 / 新华书店

印刷 / 三河市国英印务有限公司

开本 / 710 毫米 ×1000 毫米　16 开　　印张 / 14　字数 / 180 千

版次 / 2020 年 4 月第 4 版　　2020 年 4 月第 1 次印刷

中国法制出版社出版

书号 ISBN 978-7-5216-0823-6　　定价：45.00 元

北京西单横二条 2 号　邮政编码 100031　　传真：010-66031119

网址：http://www.zgfzs.com　　**编辑部电话：010-66038703**

市场营销部电话：010-66033393　　**邮购部电话：010-66033288**

（如有印装质量问题，请与本社印务部联系调换。电话：010-66032926）